Johann Jacob Kneucker

Die Anfänge des Römischen Christentums

Johann Jacob Kneucker

Die Anfänge des Römischen Christentums

ISBN/EAN: 9783743434103

Hergestellt in Europa, USA, Kanada, Australien, Japan

Cover: Foto ©Lupo / pixelio.de

Manufactured and distributed by brebook publishing software (www.brebook.com)

Johann Jacob Kneucker

Die Anfänge des Römischen Christentums

Die Anfänge
des
Römischen Christenthums.

Ein

für den Druck erweiterter und mit Anmerkungen

versehener

Vortrag

von

Lic. theol. J. J. **Kneucker,**
Pfarrer und außerordentl. Professor.

Karlsruhe.
Verlag von H. Reuther.
1881.

Die Anfänge des römischen Christenthums.

M. A.! Wenn ich es unternommen habe, über die Anfänge des römischen Christenthums zu Ihnen zu reden, so ist es vor Allem ein w i s s e n s c h a f t l i c h e s I n t e r e s s e, welches mich auf dieses Thema geführt hat. Es hat ja wohl für jeden Gebildeten und zugleich christlich Interessirten einen besonderen Reiz, den mancherlei, noch lange nicht endgiltig gelösten Fragen nachzugehen, welche sich an dieses Thema knüpfen: Wann und auf welchem Wege ist das Christenthum nach Rom, der Hauptstadt der ganzen damals bekannten Welt, und überhaupt nach Italien gekommen? Ist die erste Christengemeinde zu Rom, sind die ersten Christengemeinden in Italien ihrer Abkunft und ihrer religiösen Gesinnung nach vorwiegend judenchristlich oder heidenchristlich gewesen? Wie ist das Verhältniß zu denken, in welchem die Apostel Petrus und Paulus zur römischen Christenheit standen?

Bedeutung des Thema's.

Der Apostel Paulus hat den umfassendsten, reichhaltigsten und gewichtigsten aller seiner Briefe an die Römer geschrieben. Diese Thatsache muß unser e v a n g e l i s c h e s I n t e r e s s e in hohem Grade in Anspruch nehmen; denn der Römerbrief mit seiner Lehre vom rechtfertigenden Glauben hat unsern Luther zum Reformator gemacht, hat das Licht der Reformation angezündet und die evangelisch-protestantische Theologie ins Dasein gerufen:

aus einer Erklärung dieses Briefes in Vorlesungen ist die erste evangelische Glaubenslehre, Melanchthon's Schrift über die „Hauptartikel" (Loci communes), hervorgegangen (1521). — Und auch das protestantisch=polemische Interesse findet bei einer Verhandlung über die Anfänge des römischen Christenthums Gelegenheit, die Fragen zu erheben: Ist es wahr, daß Petrus der Stifter der römischen Christengemeinde und deren erster Bischof gewesen, und daß er zu Rom den Märtyrertod erlitten? Ist Petrus überhaupt jemals in der ewigen Stadt gewesen? Ruhen die römischen Machtansprüche, welche in unsern Tagen wieder die Christenheit so tief erregen, auf solidem geschichtlichen Grunde, oder auf ungeschichtlichen Dichtungen und Täuschungen?

I.

Der Brief des Apostels Paulus an die Römer, welchen wir in unserm Neuen Testamente haben, setzt das Vorhandensein einer Christengemeinde in Rom, vielleicht einer Mehrzahl von Christengemeinden in Italien überhaupt, für seine Zeit voraus. In welcher Zeit, auf welchem Wege und durch wen ist das Christenthum nach Rom und nach Italien gebracht worden? und: Ist diese römische Christenheit in ihren Anfängen als heidenchristlich oder judenchristlich zu denken? Dies sind die Hauptfragen, die uns hier zunächst zu beschäftigen haben.

Tübinger Geschichts= Anschauung. 1. Die seit den Forschungen des großen Tübinger Gelehrten, Ferd. Chr. Baur[1]) gangbar gewordene und heutzutage fast allgemein vertretene Geschichtsansicht[2]) lautet dahin: Die Christengemeinde in der Stadt Rom habe zu der Zeit, als Paulus seinen Brief an sie schrieb, ihrer überwiegenden Mehrzahl nach aus Judenchristen bestanden und sei aus der römischen Judengemeinde hervorgegangen.

Eine Judengemeinde in Rom bildete sich seit den Tagen des Römers Pompejus. Als dieser nämlich, nach Besiegung des Mithridates von Pontus und des mit ihm verbündeten Tigranes von Armenien, auch Syrien zur römischen Provinz gemacht hatte (64 v. Chr.), so benützte er einen Thronstreit, welcher zwischen dem jüdischen König und Hohenpriester Hyrkan II. und dessen jüngerem Bruder Aristobul II., Söhnen des Alexander Jannäus aus dem Geschlechte der Makkabäer, ausgebrochen war, um von Syrien her auch in Judäa ein- und gegen Jerusalem vorzurücken. Die heilige Stadt wurde von der Partei Hyrkan's dem Pompejus überantwortet, der Tempel erstürmt, die Mauern Jerusalem's geschleift, das jüdische Königthum abgeschafft, das Land den Römern zinspflichtig gemacht und viele Juden als Kriegsgefangene nach Rom geschleppt, um dort im Triumphe aufgeführt zu werden.[3] 63 v. Chr.

Diese kriegsgefangenen Juden bildeten den Grundstock der römischen Judengemeinde. Sie wurden in Rom zunächst als Sklaven verkauft, mußten jedoch bald von ihren Eigenthümern freigelassen werden, weil sie ihrer religiösen Vorurtheile wegen schlechterdings nicht zu bewegen waren, sich der römisch-heidnischen Lebensweise anzubequemen. Solcher jüdischen Freigelassenen (Libertini), die seit Augustus einen eigenen Stadttheil Roms, jenseits der Tiber, inne hatten, gab es viele; ja die Mehrzahl der römischen Juden, welche zur Zeit der julischen Kaiser mindestens die Zahl von 30000 — vielleicht aber auch das Doppelte — erreicht haben mochten und eine ganze Reihe von Synagogen besaßen, beziehungsweise in eine Mehrzahl von Synagogen-Gemeinden zerfielen,[4] soll, wie Philo berichtet,[5] aus solchen Freigelassenen bestanden haben. Auch in Jerusalem hatten sie eine eigene Synagoge, „die Schule der Libertiner" (Apgsch. 6, 9). Diese Libertiner-Synagoge beweist, daß, wie überhaupt die jüdischen Diaspora-Gemeinden, so insbesondre auch die römische Judengemeinde mit der Muttergemeinde zu Jerusalem in Verbindung stand: eine Verbindung, die nicht blos durch die Festbesuche und die Ablieferung der Tempelsteuer, die jährlich zwei Drachmen betrug, sondern speciell auch durch den Verkehr unterhalten wurde, welchen die Verwaltung Judäa's durch die Römer nothwendig machte. Und so läßt es sich erklären, wie die römische Judenschaft sich stets auf dem Laufenden erhalten konnte über alle politischen und religiösen Vorgänge auf dem vaterländischen Boden Palästina's und in der heiligen Gottesstadt Jerusalem.

Auf dieselbe Weise, durch den regen Verkehr zwischen Rom und Jerusalem, soll nun auch — sagt man — der Same des Evangelium's von Jerusalem nach Rom zur dortigen Judenschaft gebracht worden sein und sich dergestalt aus dieser heraus eine christliche Gemeinde gebildet haben. —

Bei dieser heutzutage herrschenden Geschichtsanschauung ist man allerdings genöthigt, nur von verschiedenen **Möglichkeiten** zu sprechen. Es ist möglich, sagt man, daß der seit dem Auftreten Jesu im hl. Lande sich verbreitende Ruf: „Der Messias ist da" — auch auswärts bis nach Rom drang und in der dortigen Judenschaft seinen Wiederhall fand.[6]) Es ist möglich, daß jene „Ausländer von Rom," welche die Apostelgeschichte (2,10) unter den Hörern der apostolischen Predigt am ersten christlichen Pfingstfeste erwähnt, Nachrichten von der Messiasgemeinde zu Jerusalem, und vielleicht den Glauben an den Messias selbst ihren Volksgenossen nach Rom zurückgebracht haben.[7]) Es ist dies um so wahrscheinlicher, sagt man, weil sogleich das Jahr darauf unter den Hauptgegnern des Stephanus ausdrücklich „Etliche von der Schule der Libertiner" (Apgsch. 6, 9) genannt werden, also römische Juden mit der zu Jerusalem sich bildenden Messiasgemeinde jedenfalls in Berührung gekommen seien, so daß demnach die Behauptung Renan's[8]) sich nicht bestreiten lasse, „daß die römische Christengemeinde die Tochter der jerusalemischen, und daß sie unter allen abendländischen, ja unter allen Christengemeinden Europa's die älteste sei". — Lauter Möglichkeiten und Wahrscheinlichkeiten! Aber mehr auch nicht!

Mit dieser römischen Christengemeinde, die sich solches Weges aus Juden gebildet hätte, — wird sodann weiter behauptet — sei der Heidenapostel Paulus zum ersten Mal auf seiner zweiten Missionsreise in Beziehung gekommen, als er zu Korinth mit dem jüdischen, vielleicht judenchristlichen, Ehepaar Aquila und Priscilla zusammentraf, welches in Folge der Judenaustreibung aus Rom durch den Kaiser Claudius (53 n. Chr.) diese Stadt gleichfalls hatte verlassen müssen und nach Korinth gekommen war. Bei Aquila, einem Zeltdeckenmacher, trat Paulus, welcher das gleiche Handwerk gelernt hatte, jetzt in Arbeit, wurde mit dem Ehepaar innig befreundet und von demselben nach 1½ jährigem Aufenthalte in Korinth nach Ephesus begleitet. Durch die Vermittelung dieses Aquila, vermuthet man nun, sei der Apostel wohl auch mit andern Christen und Juden, die gleichfalls Rom verlassen hatten, bekannt geworden und durch diese Bekanntschaften habe er nicht nur „jene genaue Kenntniß der römischen Gemeindezustände erlangt, welche in dem Römerbrief sich kund gebe", sondern sei dadurch auch „auf den Gedanken geführt worden", die Christengemeinde zu Rom zu besuchen und zum Voraus an dieselbe einen Brief zu schreiben, dessen Inhalt hinwiederum gleichfalls beweise, daß diese Gemeinde ihrem Kerne nach und in ihrer überwiegenden Mehrheit aus Judenchristen bestanden habe, der sich nur allmählig auch eine Minderheit von Proselyten und Heiden als Messiasgläubige angeschlossen hätte.

2. Dies ist in Kürze die in unsern Tagen fast allgemein zur Anerkennung gekommene Anschauung über die Entstehung des römischen Christenthums. Daß diese Anschauung begründet sei, davon habe ich mich allerdings bis jetzt noch nicht überzeugen können. Ich meine vielmehr: das römische Christenthum sei nicht so zufällig, und überhaupt nicht vom palästinensischen Judenthum oder Judenchristenthum her entstanden, sondern dasselbe verdanke seinen Ursprung einer Verkündigung des Evangeliums durch einen Pauliner, einen Gehülfen des Heidenapostels Paulus, und zeige auch einen überwiegend heidenchristlichen Charakter.

Wohl mag — dies kann der herkömmlichen Ansicht zugestanden werden — „durch den beständigen Verkehr, in welchem die römische Judenschaft mit Asien, Aegypten und Griechenland, vorzüglich aber mit Palästina stand, mancher Christ nach Rom gekommen, und mancher Jude aus Rom Christ geworden sein: *Christengemeinden in Europa erst seit 52 n.Chr.*

aber alles bisher Erwähnte konnte doch noch kein christliches Gemeindeleben in Rom herstellen; einzelne christliche Persönlichkeiten mögen dagewesen sein, aber noch keine Christengemeinde." Ein Gemeindeleben hervorzurufen, dazu gehörte — wie aus der Analogie aller andern bekannten Gemeindestiftungen sich ergibt — direkte positive Lehrthätigkeit einzelner mit der Fähigkeit dazu ausgerüsteter Männer an Ort und Stelle selbst. Mit gutem Grunde ist schon früher[9] darauf aufmerksam gemacht worden, daß sich **vor dem Jahre 52 n. Chr.** keinerlei Spur von einer Verkündigung des Evangeliums und von Christengemeinden in Italien, ja nicht einmal eine Spur **davon** findet, daß der Apostel Paulus, als er das erste Mal den europäischen Boden betrat, irgendwo in Macedonien oder Achaja schon einen Christenverein angetroffen habe. Jetzt aber freilich, als Paulus eine so erfolgreiche Wirksamkeit auf europäischem Boden in Macedonien und Griechenland, entfaltete (52 und 53 n. Chr.), jetzt mußte sich ganz naturgemäß ihm auch der Gedanke nahe legen, entweder selbst oder durch Missionsgehülfen das Evangelium noch weiter westwärts, nach Italien hinüber und dort in „die Hauptstadt des Heidenthums" zu tragen. Und in der That, **jetzt** begegnet uns auch zum ersten Mal eine **sichere** Spur von einer mächtigen religiösen Bewegung, welche die Predigt von Christus zu Rom bei der dortigen Judenschaft hervorrief. Die merkwürdige Stelle nämlich des römischen Biographen Suetonius im „Leben" des Kaisers Claudius, woselbst er Cap. 25 berichtet: Claudius, welcher nach seinem Regierungsantritte schon den in Rom nach der Austreibung durch Tiberius wieder zahlreich gewordenen Juden gottesdienstliche Versammlungen verboten hatte,[10] habe die Juden aus Rom vertrieben, weil sie **auf Anstiften eines gewissen „Chrestus"** beständig tumultuirten[11]) — kann nur von der Verkündigung des Evangeliums von „**Christus**" und von der lärmenden Heftigkeit des Widerstandes, welchen die Judenschaft, wie überall sonst — z. B. zu Thessalonich, Korinth (Apgesch. 17. 18) — so jetzt auch in Rom dem eindringenden

Erste Spur des römisch. Christenthums 53 n. Chr.

Christenglauben entgegensetzten, verstanden werden. Haben wir diese Austreibung der Juden durch Claudius in das Jahr 53 zu setzen und dieselbe nicht blos auf die Judenschaft in Rom zu beschränken, sondern auf die Juden in Italien überhaupt auszudehnen ¹²), so wird die Predigt von Christus ungefähr im vorhergehenden Jahre nach Rom ¹³) und — setzen wir sogleich hinzu — überhaupt nach Italien gebracht worden, und zwar wird, wie ich überzeugt bin, die Stiftung römischer Christengemeinden in Italien von einem Sendling des Apostels Paulus ausgegangen sein, dann aber diese Gemeinden auch der freiern paulinischen Richtung angehört und ihrer Herkunft nach überwiegend aus Heidenchristen bestanden haben. ¹⁴)

Die Beweisgründe für diese Behauptungen sind in der Hauptsache theils aus der Apostelgeschichte, theils aus den paulinischen Briefen, vornehmlich aus dem Römerbrief, zu erheben.

Schon die Thatsache, daß Paulus, der Heidenapostel, einen Brief an die römische Christenheit geschrieben hat, spricht für Heidenchristenthum und paulinische Richtung der Adressaten. Wären diese in ihrer Mehrheit als Judenchristen zu denken, so stünde der Römerbrief als eine einzige Ausnahme unter allen paulinischen Briefen da; er wäre nicht blos der erste, ¹⁵) sondern überhaupt der einzige Brief, welchen Paulus an eine judenchristliche Gemeinde judenchristlichen — also nichtpaulinischen — Charakters geschrieben, der einzige Brief an eine Gemeinde, die weder Paulus selbst noch Einer seiner Gehülfen gegründet und bis dahin besucht hätte. Der Apostel wäre, indem er diesen inhaltlich so reichen und wichtigsten Brief an eine Gemeinde judenchristlichen Ursprungs und Charakters schrieb, mit seinem eigenen, mehrfach ausgesprochenen Grundsatze, sich nicht in einen fremden (judenchristlichen) Wirkungskreis einzudrängen (Gal. 2, 9. 10. 2 Cor. 10, 15. 16), ¹⁶) in den auffallendsten Widerspruch getreten. Darf dieser Widerspruch bei einem Manne, wie Paulus war, nicht angenommen werden, so wird der Apostel die römische Christenheit eben wirklich als zu seinem Arbeitsfelde gehörig angesehen haben. ¹⁷) Und so

Der Römerbrief.

sehen sich denn selbst auch Diejenigen, die den jüdischen Ursprung des römischen Christenthums behaupten, wenigstens zur Annahme einer paulinischen Richtung dieser Judenchristen[18] gedrängt und zu dem Zugeständnisse genöthigt: es müsse, wenn auch nicht die Gründung, so doch wenigstens die weitere Entwickelung der römischen Gemeinde auf Männer zurückgeführt werden, die dem paulinischen Geiste nicht fremd waren,[19] sintemal die Erwartung, in dieser Gemeinde „eine Verstärkung der judenchristlichen Partei und den Messianismus mit Beibehaltung des ganzen gesetzlichen Judenthums anzutreffen", sich im Römerbriefe eben nicht bestätigt findet.[20] Es sei daher anzunehmen, daß in Folge der Claudianischen Ausweisung Juden, und ohne Zweifel auch Judenchristen, aus Rom nach den Hafen- und Verkehrsstädten Griechenlands und Kleinasiens, wie z. B. Aquila und Priscilla nach Korinth, geflüchtet seien, dort überall in den jüdischen Synagogen die messianische Frage verhandeln hörten und mit den paulinischen Christengemeinden bekannt wurden: — „Gelegenheit genug für den Heidenapostel, theils römische Juden zu bekehren, theils schon bekehrte für seine Form der evangelischen Predigt zu gewinnen." Diese wären sodann theilweise und allmählig wieder nach Rom zurückgekehrt als Vertreter und Verkündiger eines Judenchristenthums mit paulinischer Richtung. — Gewiß eine bestechliche Annahme dies! Nur Schade, daß sich dafür nicht einmal jene Grüße im 16. Kapitel des Römerbriefs (V. 3—16), auf welche man sich schon vielfach berufen hat,[21] geltend machen lassen; denn diese Grüße — das darf heute als ausgemacht angesehen werden — stammen nicht von Pauli Hand, und sind auch nicht nach Rom, sondern vielmehr nach Ephesus gerichtet, wohin Aquila und Priscilla, welche in erster Linie gegrüßt werden, weitergereist waren und hier wohnen blieben (Röm. 16, 3; vgl. Apgesch. 18, 18 f. 1 Cor. 16, 19. 2 Tim. 4, 19).[22]

Nein! Gerade der Römerbrief macht jene Annahme zur Unmöglichkeit. Woher denn kämen jene „Starken" (K. 14), unter denen doch nur Heidenchristen verstanden werden können, in die römische Judenchristengemeinde? Diese Heidenchristen konnten doch nicht von den engherzigen Judenchristen bekehrt worden sein, denen gegenüber der Apostel selbst sich nachgerade in seinem Briefe wegen Verschleppung des messianischen Heils an die Heiden zu vertheidigen hatte: eine Vertheidigung, die andrerseits hinwiederum gegenüber von Judenchristen p a u l i = n i s c h e r Richtung völlig überflüssig gewesen wäre, und also beweist, daß die römische Christenheit nur aus „starken" Heiden=christen und „schwachen", d. h. eben n o c h n i c h t paulinisch freigesinnten sei es Judenchristen oder Proselytenchristen bestand, und daß — dies ist richtig²³) aus Cap. 11 und 14 erkannt worden — diese engherzigen judaisirenden Christen auch der Z a h l nach den schwächeren, und die freieren Heidenchristen den stärkeren Theil der Gemeinde bildeten: ein Zahlenverhältniß, wie wir es in allen paulinischen Gemeinden wiederfinden.²⁴) Ist aber Dieses richtig, dann muß auch die Stiftung dieser über=wiegend heidenchristlichen Römerkirche auf einen Pauliner zurück=geführt, und zwar schon v o r 53, am wahrscheinlichsten k u r z vor der Judenaustreibung des Jahres 53 angesetzt werden,²⁵) wie sich denn auch aus dem Römerbrief, welchen Paulus im Winter 57/58 geschrieben hat, ergibt, daß damals die Gemeinde oder Gemeinden, für welche er bestimmt war, schon eine Zeit lang bestanden (C. 1, 8 ff. 13, 11. [15, 23.])²⁶) und förmlich organisirt waren (C. 12, 5 ff. 11).²⁷)

3. Ich sage absichtlich: Gemeinde oder G e m e i n d e n. Denn ich meine allerdings, der Römerbrief sei ursprünglich nicht sowohl an eine, sondern an m e h r e r e römische Gemeinden gerichtet gewesen. Wenn noch Apgesch. 28, 22 den vornehmsten Juden Roms die „Sekte" der Christusgläubigen nur vom Hörensagen bekannt gewesen sein soll und ebendaselbst V. 15, wie der Wort=laut — „d i e B r ü d e r"²⁸) — ergibt, a l l e christlichen Brüder, die in Rom vorhanden waren, dem gefangenen Apostel Paulus entgegenkamen,²⁹) so setzt diese Darstellung noch für das Jahr 61 eine an Zahl so unbedeutende und verschwindend kleine Christen=

Der Römerbrief eine Encyklica an mehrere römische Christengemeinden.

gemeinde in der **Stadt Rom** voraus,[30]) daß es völlig unbegreiflich erscheinen muß, wie der Apostel drei Jahre vorher dazu kam, gerade an d i e s e seinen geistesmächtigsten Brief zu schreiben. Schon der gewichtige Inhalt dieses Briefs verlangt eine an Zahl hervorragende Christenheit, wie denn auch Röm. 1, 8 (vgl. auch 16,19) ausdrücklich — und in grellem Widerspruch zu Apgesch. 28, 22 — bezeugt wird, daß der Glaube der Briefempfänger weltbekannt geworden sei.

Die Aufschrift des Briefs (Πρὸς 'Ρωμαίους) bezeichnet die Adressaten zwar nur allgemein als „Römer", dagegen zwei Stellen im Briefe selbst, C. 1, 7. 15, nennen speziell die **Stadt** „**Rom**" als das Ziel des apostolischen Schreibens. Um so mehr muß es nun aber als eine auffallende Thatsache erscheinen, daß gerade eine für die paulinischen Briefe b e s o n d e r s wichtige Handschrift,[31]) unter Zustimmung einer und mehrerer andern, an beiden Stellen den Namen „Rom" n i c h t haben, und daß diese Lesart aus überwiegenden innern Gründen allerdings der herkömmlichen entschieden vorzuziehen, die Adresse „in Rom" mithin ganz ebenso zu beurtheilen ist, wie die überlieferte Lesart „in Ephesus" am Anfange des Epheserbriefs, eines Rundschreibens an mehrere Gemeinden Kleinasiens.[32]) Eine solche Encyklica richtete ja der Apostel Paulus auch an die Gemeinden Galatiens (Gal. 1, 2); eine solche hat er, wie ich meine, gleichfalls „an die Römer", d. h. an die lateinischen Christen in Italien gerichtet; z. B. also u. A. vielleicht auch an die Apostelgesch. 28, 14 erwähnte Christengemeinde in Puteoli,[33]) von der er drei Jahre später so freundlich aufgenommen wurde, sowie an die benachbarte **h e i d e n** christliche Gemeinde in Neapel oder Cumä, deren Vorhandensein zur Zeit des Kaisers Nero indirekt auch durch den Dichter Petronius[34]) bezeugt sein dürfte — also an Gemeinden, welche ebenso wenigstens m i t t e l b a r paulinische waren, wie jene von Kolossä (Col. 1, 7), an welche Paulus gleichfalls, und von Laodicea (Col. 4, 13, 2, 1), an welche u. A. nachgerade ein Pauliner den Epheserbrief geschrieben hat (Col. 4, 16).[35]) Und daß schon die Aufschrift des Briefes „an die R ö m e r" die Adressaten als lateinische H e i d e n -

christen charakterisirt, das sollten diejenigen am wenigsten leugnen, welche den Brief „an die Hebräer", d. h. an Judenchristen, gleichfalls nach Italien, speziell nach Rom ³⁵) adressiren wollen.

Wenn ferner Paulus diesen „Römern" in seinem Briefe (C. 6, 17) bezeugt: „Ihr seid von Herzen gehorsam geworden der Gestalt der Lehre, welche euch überliefert worden ist," und gegen diesen bestimmten Lehrbegriff, nach welchem sie unterrichtet worden sind (vgl. auch C. 2, 16. [16, 17. 25]), sowie überhaupt gegen die Art des römischen Christenthums nichts einzuwenden hat; wenn er C. 1, 12 sich auf den „wechselseitigen Glauben" beruft, welchen er und die Römer mit einander haben,³⁶) und seine Leser C. 15, 15 mit seinem Briefe nur nochmals an das erinnert haben will (ἐπαναμιμνήσκων), was sie selbst schon wußten; wenn er ferner in C. 14 (wie in 1 Cor. 8) sich principiell auf die Seite der „Starken" stellt, und wenn dazu noch die Erwägung tritt, daß er, der Heidenapostel, grundsätzlich sich nicht in einen judenchristlichen Wirkungskreis eindrängte (Gal. 2, 7—9), hier dagegen sogar seine Sehnsucht ausdrückt, die römischen Christen persönlich kennen zu lernen (Röm. 1, 9—11 [13. 15, 22]): so wird es mehr als blos wahrscheinlich, daß der den Römern verkündigte Lehrbegriff eben der paulinische war³⁷) und daß diese heidnischen „Römer" durch einen Pauliner, vermuthlich mit Wissen und im Auftrage des Apostels selbst, bekehrt worden sind.

Paulinische Glaubensrichtung der Römer.

Und zwar dies kurz vor dem Jahre 53 n. Chr. Wenigstens wurde, wie schon gesagt, das Christenthum bereits vor der Claudianischen Judenaustreibung aus Italien zu Rom verkündigt, wurde also ungefähr zu derselben Zeit auch nach Italien hinüber getragen, als Paulus auf seiner zweiten Missionsreise im Jahre 52 zum ersten Mal nach Europa, nach Macedonien und Griechenland, herüberkam. So legt sich aber die Frage sehr nahe: sollte nicht Paulus selbst etwa jetzt von Macedonien und Griechenland aus einen Missionsgehülfen nach Italien abgesandt haben? Aber wen? —

4. In den Bericht der Apostelgeschichte, welcher die zweite und dritte Missionsreise des Paulus bis zu dessen römischer Gefangen=

<small>Verfasser der Wir-Stücke in der Apostelgeschichte.</small>

schaft erzählt, sind die schriftlichen Aufzeichnungen eines ungenannten Begleiters des Apostels aufgenommen, welcher von sich und dem Apostel in der ersten Person der Mehrzahl spricht und sich als einen geschichtlich zuverlässigen Augenzeugen bewährt. Kraft dieser sog. „Wir"-Quelle hatte sich ihr Verfasser als Begleiter erst zu Paulus gesellt, als dieser im Begriffe stand, von Troas in Kleinasien aus zum ersten Mal den europäischen Boden zu betreten (Apostelgesch. 16, 8. 10).³⁸) Er begleitete den Apostel von Troas nach Philippi in Macedonien hinüber (C. 16, 12—17). Hier aber verschwindet er in auffallender Weise und kommt erst 6 Jahre später wieder, im Jahre 58, und zwar merkwürdigerweise abermals in Philippi zum Vorschein, von wo er mit Paulus auf dessen dritter Missionsreise wieder nach Troas zurückkehrt (Apostelgesch. 20, 5. 6), ihn nach Jerusalem zum Pfingstfeste des Jahres 58 (C. 20, 5—15. 21, 1—18), und schließlich im Herbste 60 von Cäsarea aus bis nach Rom begleitet (C. 27, 1—28, 16).

Wer ist dieser ungenannte Begleiter des Apostels Paulus? Jedenfalls keiner von denen, welche als des Apostels Begleiter auf dessen zweiter und dritter Missionsreise bis zu seiner Ankunft in Rom in der Apostelgeschichte und speziell in der Wir-Quelle ausdrücklich mit N a m e n erwähnt werden.³⁹) Dergestalt erübrigt nur die Wahl zwischen L u k a s ⁴⁰) und T i t u s,⁴¹) welche beide in der Apostelgeschichte n i c h t genannt werden. Allein jenem, dem Arzte Lukas, einem Heidenchristen (Col. 4, 14. 11), begegnen wir überhaupt erst in Pauli römischer Gefangenschaft (62—63 n. Chr.; Philem. 24. Col. 4, 14. 2 Tim. 4, 11),⁴²) und aus früherer Zeit ist rein Nichts von ihm bekannt. Die kirchliche Ueberlieferung sogleich des 2. Jahrhunderts⁴³) macht ihn zum Verfasser des dritten Evangeliums und zugleich der Apostelgeschichte. Ist er dies — und ausreichende Gegengründe sind meines Erachtens noch nicht geltend gemacht worden — dann kann er nicht auch der Verfasser der Wir-Stücke in der Apostelgeschichte sein.⁴⁴) So werden wir denn geradezu genöthigt, auf T i t u s zu greifen als den Verfasser dieser „Wir"-Quelle.

<small>Titus.</small>

Titus war schon im Jahr 52 mit Paulus zur Apostelversammlung nach Jerusalem gekommen (Gal. 2, 1. 3), kann also sehr wohl den Apostel auf der unmittelbar folgenden zweiten Missionsreise, wie später wieder, begleitet haben, obgleich die zwischen Judenchristenthum und paulinischem Christenthum vermitteln wollende Apostelgeschichte ihn, den absichtlich nicht beschnittenen und ohne Zweifel entschiedensten Pauliner, wahrscheinlich absichtlich nicht mit Namen nennt.[45]) Zudem lehren die Briefe des Paulus ausdrücklich, daß Titus den Apostel theils auf seinen Reisen begleitete, theils im Dienste und Auftrage des Apostels weitere Reisen selbständig machte. Und dabei ist es besonders interessant zu beobachten, wie gerade da, wo die Wir=Quelle der Apostelgeschichte im Leben des (jeweils von Paulus abwesenden) Titus eine Lücke läßt, die paulinischen Briefe einsetzen und diese Lücke wenigstens theilweise ausfüllen, und wie dann der auch jetzt noch bleibende Lückenrest gerade in die Jahre 52—57 hineinfällt, in denen das Evangelium den Römern verkündigt wurde, und also auf's Schönste sich ausfüllt, wenn wir annehmen, daß eben in diesen Jahren der Pauliner Titus in Italien anwesend war und dort das römische Christenthum begründete.

Combiniren wir nämlich mit den brieflichen Nachrichten des Paulus die Berichte der Wir=Quelle in der Apostelgeschichte, und beziehen den „Ich", der in diesen „Wir" sich verbirgt, auf Titus, so setzt sich uns folgendes Geschichtsbild zusammen.

Von dem halbrömischen[46]) Antiochien in Syrien aus war Titus, der römische Heidenchrist mit römischem Namen,[47]) schon im Jahre 52 mit Paulus nach Jerusalem gekommen. Nach dem Apostelconcil trifft er abermals mit Paulus auf dessen zweiter Missionsreise in der römischen Colonie Troas zusammen und trennt sich wieder von ihm in der römischen Colonie Philippi, bis er ebendaselbst wieder im Jahre 58 mit dem Apostel zusammentrifft, um ihn über Troas zurück nach Jerusalem und schließlich bis nach Rom zu begleiten. — Daß Titus in den 6 Jahren Zwischenzeit, zwischen Pauli erster und zweiter Anwesenheit in Philippi, hier nicht müssig liegen blieb, sagt uns der zweite Korintherbrief. Von Korinth her sehen wir in diesem Briefe den Titus nach Pfingsten des Jahres 57 (Apostelgesch. 20, 1) zu Paulus nach Macedonien, wahrscheinlich wieder nach Philippi, zurückkehren (2 Cor. 2, 13. 7, 5 ff.), dann im Herbste mit Johannes Markus und einem dritten Bruder, wahrscheinlich Erast, den zweiten Brief an die Korinther — 2 Cor. 1—9 — überbringen (2 Cor. 8, 6 ff. 16 ff. 12, 18) und wieder zu Paulus zur Berichterstattung über die dortige Gemeinde zurückkommen, worauf der Apostel selbst nach Korinth reist (Apostelgesch. 20, 2. 2 Cor. 9, 4. 13, 1), von hier aus ein Briefchen an Titus nach Macedonien schreibt und ihn einlädt, den Winter 57/58 bei ihm zu Nikopolis, einer **römischen Colonie in Epirus**[49]), zuzubringen (Tit. 3, 12). Im folgenden Frühjahre, nach Ostern 58, treten schließlich, kraft der Wir-Quelle, beide Männer die Rückreise von Philippi über Troas zum Pfingstfeste nach Jerusalem an, um schließlich noch mit Aristarch zusammen die Reise nach Rom zu machen, wo wir im Jahre 62/63 bei dem gefangenen Paulus u. A. nicht nur zum ersten Mal dem „geliebten Arzte" Lukas, sondern auch wieder dem Titus begegnen (Col. 4, 14. 2 Tim. 4, 11. 10), welcher also recht wohl hier seinen Reisebericht — die Wir-Quelle — abgefaßt und schließlich dem Lukas überlassen haben kann, bevor er, vor Herbst 63, Rom wieder verließ und nach Dalmatien zurückreiste.

Der Pauliner Titus Stifter des röm. Christenthums.
Immerhin sind auch jetzt noch im Leben des Titus die fünf Jahre leer stehen geblieben von der ersten Ankunft des Paulus und Titus in Philippi im Jahre 52 bis nach Pfingsten 57, da Titus von Korinth her wieder in Macedonien mit Paulus zusammentraf. Wo hielt sich Titus diese Zeit über auf? — Gewiß nicht immer zu Philippi oder zu Korinth, wohin ja Paulus selbst inzwischen auf seiner zweiten Reise gekommen war (Apostelgesch. 18) und auf seiner dritten von Ephesus aus erst den Timotheus und Erast gesandt hatte (1 Cor. 4, 17. Apostelgesch. 19, 22).

Da meinen wir eben: von Philippi aus, wo seit Augustus eine Colonie **Italiker** lebte,[49]) möchte Titus im Jahre 52, als er den Apostel Paulus verließ, nach Italien[50]) gereist sein und — er, der römische Heidenchrist — den heidnischen „Römern"

Italiens das Christenthum gebracht haben. In Folge dieser Verkündigung des Evangeliums und der Annahme desselben von Seiten dieser „Römer" werden die Juden, an welche Titus, wie auch Paulus gewöhnlich that, sich zuerst gewendet haben wird, gelärmt und in Folge dessen ihre Austreibung aus Rom und Italien durch das Edikt des Claudius im Jahre 53 veranlaßt haben: ein Edikt, welches den Nicht-Juden und Römer Titus nicht selbst traf, so daß er erst s p ä t e r Italien verlassen, und zwar über Korinth zu dem Apostel Paulus nach Macedonien zurückkehren und durch seinen Bericht von dem Zustande der römischen Christengemeinden den im Winter 57/58 zu Nikopolis (Tit. 3, 12) verfaßten⁵¹) und dann von Korinth aus (Röm. 16, 22. 23) expedirten Römerbrief veranlassen, sowie den Apostel auf den Gedanken bringen konnte, die neugestifteten Gemeinden Italiens bald zu besuchen (Apostelgesch. 19, 21. Röm. 1, 9—12).

So wäre also Titus, des Paulus „großer Werkgenosse", der Apostel und Stifter des römischen Christenthums in Italien geworden. Wenn durch diese Darstellung die Lücken, welche einerseits die Paulusbriefe im Leben des Titus stehen lassen, und welche andrerseits die Apostelgeschichte in ihren Wir-Stücken aufzeigt, ausgefüllt werden, und dabei zugleich die beiderseitigen Einzeldaten zu einem einheitlichen, in sich abgerundeten Geschichtsbilde sich gegenseitig ergänzen und zusammenschließen, so darf dies wohl als Probe gelten für die Richtigkeit der ganzen geschichtlichen Anschauung.

5. Aber gerade der I n h a l t des Römerbriefs mit seiner Polemik gegen den Judaismus beweise — so sagen die Anhänger der von Tübingen ausgegangenen Geschichtsansicht — eine überwiegend j u d e n c h r i s t l i c h e Gemeinde j u d e n c h r i s t l i c h e n Charakters. Ich sage: Nein! und stelle die Gegenfrage: Beweisen etwa die im Galaterbrief und in den Korintherbriefen bekämpften judaistischen Lehren für einen judenchristlichen Ursprung und vorherrschend judenchristlichen Charakter der Gemeinden in Galatien und Griechenland? Mit nichten; sondern die judaistischen Lehren

waren nachgerade erst in diese wesentlich heidenchristlichen Gemeinden hineingetragen worden. Warum soll ein Gleiches nicht auch für die römische Christenheit angenommen werden dürfen? Vielleicht aber läßt sich die judaisirende Denkart eines Bruchtheils der Adressaten des Römerbriefs auf noch viel einfachere und einleuchtendere Weise erklären (S. 23. 24).

Der Römerbrief ist an Heidenchristen gerichtet.

Mit Recht hat in neuester Zeit wieder ein Tübinger und Schüler des berühmten Baur [32] darauf aufmerksam gemacht, daß in unserer Frage „zwei Dinge verwechselt wurden, die man auseinanderhalten muß, nämlich das **Volksthum** der (römischen) Gemeindeglieder, und die **Glaubensfragen**, die sie beschäftigten" — und hat zu gleicher Zeit auf die unmittelbaren Aussagen des Römerbriefs hingewiesen, welche die Gemeinde(n) „ganz unzweifelhaft im Großen und Ganzen als (eine) heidenchristliche bezeichnen". [33]

So spricht Paulus sogleich in der Einleitung des Briefs von seinem Apostelamt und sagt V. 5 und 6: „Durch Jesus Christus, unsern Herrn, haben wir Gnade und Apostelamt empfangen, um Gehorsam gegen den Glauben herzustellen **unter allen** („Heiden"=)**Völkern,** [34] **zu denen auch ihr gehört.**" In den weitern Versen (8 ff.) bezeugt er sodann den Römern seine Freude an ihrer Gläubigkeit und sein Verlangen, sie zu sehen, um des **gemeinsamen** Glaubens mit ihnen sich zu trösten, „auf daß ich auch **unter euch** einige Frucht schaffete, **gleichwie auch unter den übrigen Heiden**" (V. 13); denn, setzt er zur Begründung hinzu, „ich habe (durch meinen Beruf) Pflichten gegen Griechen und Barbaren, gegen Gebildete und Ungebildete, und so bin ich gewillt, **auch euch** das Evangelium zu predigen." So konnte Paulus unmöglich schreiben, wenn die römischen Christen auch nur der Mehrheit nach Judenchristen waren. [35] Denn diese Judenchristen konnte er nicht zu den Griechen und Gebildeten zählen, und noch weniger als Barbaren und Ungebildete bezeichnen „und sich damit bei ihnen einführen wollen." Er nennt sich vielmehr den Schuldner der **ganzen Heidenwelt**, weil er eben Heidenapostel ist und als solcher mit den Beschnittenen direkt Nichts zu thun hat (Gal. 2, 7. 8), sondern wie er C. 11, 13. 14 sagt, höchstens hoffen kann, dadurch daß er die Heiden bekehrt und also seinen Beruf als Heidenapostel erfüllt, die Eifersucht der Juden zu erregen und also mittelbar auch einen oder den andern seiner jüdischen Volksgenossen für Christum zu gewinnen: „Euch, den Heiden, sage ich: insofern ich der Heidenapostel bin, rühme ich mein Amt (halte es für etwas Hohes), ob ich etwa den Eifer derer, die mein Fleisch sind, reizen und ihrer Etliche retten möchte" (vgl. auch C. 11, 11). Hier werden also die Heidenchristen direkt angeredet, während im Gegensatze zu ihnen von den Juden in der dritten Person die Rede geht; und dieser Gegensatz zieht sich auch durch die folgenden Verse fort, wo es schließlich heißt (V. 28 ff.): „Nach dem Evangelium sind sie — die Juden — Feinde (von Gott Gehaßte) um euretwillen — der Heiden —; nach der Erwählung aber sind sie Geliebte (Gottes) um der Väter — Abraham, Isaak, Jakob — willen." — „Denn gleichwie ihr — Heiden — einst Gott ungehorsam (ungläubig) gewesen seid, nun aber Gnade gefunden habt durch ihren — der Juden — Unglauben: so sind auch jene jetzt ungehorsam (ungläubig) geworden, damit sie durch eure Begnadigung auch ihrerseits Gnade fänden." Der Zweck dieses ganzen Abschnittes (C. 9—11) ist, „die Leser aufzuklären, warum die Juden sich nicht zum Christenthum bekehren, wie sich Dieses erkläre und wie es sich mit ihrer Eigenschaft als des auserwählten Volkes Gottes vereinigen lasse." Diese Aufklärung ertheilt aber der Apostel merkwürdigerweise nicht an Juden=, sondern gerade an Heidenchristen; er setzt also das Bedürfniß dieser Aufklärung nicht, wie man erwarten sollte, bei Judenchristen, sondern vielmehr bei Heidenchristen[56]) voraus; zum deutlichsten Beweise, daß er entweder gar keine Judenchristen, oder nur verschwindend wenige unter seinen Lesern wußte, denen gegenüber er die Mehrheit der Heidenchristen vor Ueberhebung bewahren und zu liebevoller Demuth leiten will (C. 11, 13—24).

Man hat zwar auch schon gemeint, mit dem Ausdrucke:

„Euch den Heiden sage ich" — rede der Apostel blos einen Theil seiner Leser an, „er habe zuerst zu dem judenchristlichen Theile der Gemeinde gesprochen, und wende sich nunmehr dem heidenchristlichen Theile zu." Allein auch dies läßt sich nicht beweisen. Wie die hier — Cap. 11 — Angeredeten geradezu „Heiden" genannt werden, so werden auch schon C. 6, 17 ff. die angeredeten Leser deutlich als ehemalige Heiden bezeichnet: „Gott sei Dank, daß ihr, nachdem ihr Knechte der Sünde gewesen, doch jetzt [von Herzen gehorsam geworden seid der Gestalt der Lehre, welche euch überliefert wurde — nämlich dem paulinischen Lehrbegriff von der Rechtfertigung —, und] befreit von der Sünde Knechte der Gerechtigkeit geworden seid; wie ihr nehmlich eure Glieder hingegeben hattet in den Dienst der Unreinigkeit (Unsittlichkeit) und des Frevels zum Freveln, also stellet jetzt eure Glieder in den Dienst der Gerechtigkeit zur Heiligung." Und diese Darstellungsweise erinnert hinwiederum an die Schilderung der heidnischen Unsittlichkeit, welche der Apostel sogleich im ersten Kapitel seines Briefes (V. 24 ff.) gab.[57])

Jedoch schon C. 1, 16, sagt man, finde sich eine auf Judenchristen berechnete, versöhnliche und gewinnende Formel in den Worten: „Ich schäme mich des Evangeliums nicht, denn es ist eine Kraft Gottes zum Heil für Jeden, der daran glaubt, dem Juden vornehmlich (?) und dem Griechen." Allein diese Worte wollen doch offenbar nicht sowohl sagen: die Juden haben das erste Anrecht an das Heil,[58]) sondern vielmehr, „daß sie auch ihrerseits dasselbe so gut nöthig haben wie die Heiden," daß aber auch s i e nur durch den G l a u b e n zur Gerechtigkeit kommen.

Und wenn dann Cap. 2 der Jude als solcher scheinbar angeredet wird, so hat diese Anrede mit „Du" nur einen „rednerischen Werth" und will in der dogmatischen Erörterung den „Juden" nur als das „dogmatische Subject" darstellen, ganz in gleicher Weise und Absicht, wie der Apostel C. 7, 7 ff. in erster Person spricht und doch einen a l l g e m e i n e n sittlichen Prozeß beschreibt, der keineswegs blos ihn oder blos den Juden angeht,

denn das »Nitimur in vetitum« hat gerade ein H e i d e ausge=
sprochen.⁵⁹) Eben deshalb wird auch der Jude von vorn herein
ganz allgemein als „Mensch" angeredet (C. 2, 1. 3),⁶⁰) und
jedenfalls ergeht die ganze Erörterung über die J u d e n als
s o l c h e , n i c h t aber als Juden ch r i st e n, welche als Leser
des Briefs durch diese scharfe Verurtheilung des pharisäischen
Judenthums, das als geistliches Heidenthum charakterisirt wird,
nur verbittert und um so mehr hätten abgestoßen werden müssen, als
schließlich (V. 25 ff.) sogar die Heiden als Thäter des Gesetzes,
nämlich des Gewissensgesetzes, als das wahre, das geistliche
Judenthum gepriesen und also viel günstiger als die Juden be=
urtheilt werden. „Waren die römischen Christen als J u d e n =
christen gegen Paulus, den Heidenapostel, verstimmt wegen der
übrigen Juden," wie man vielfach annimmt, so war diese Dar=
legung das denkbar verkehrteste Mittel, sie für ihn, den Apostel,
günstiger zu stimmen.

Und ebenso unpassend und unklug wäre der Apostel verfahren
in jenem späteren Abschnitte C. 9—11, wo er die Frage ver=
handelt, ob denn Gott sein Volk Israel ganz verstoßen habe,
und C. 11, 1 als Beweis des Gegentheils nur seine eigene
Person anführt, ohne der Judenchristen unter seinen Lesern zu
gedenken, die durch ihren Glauben doch gerade den schlagendsten
Beweis für des Apostels Behauptung abgegeben hätten: Gott hat
sein Volk n i c h t verstoßen. Ja in dem ganzen Abschnitte (C. 9—11),
dessen Inhalt doch für Judenchristen „ein ungleich größeres In=
teresse haben mußte als für Heidenchristen, redet er seine Leser
nicht ein einziges Mal als „Juden" an, noch deutet er je ein=
mal an, „daß sie zu dem von ihm fortwährend besprochenen is=
raelitischen Volke gehören." Im Gegentheil, schon am Anfange
dieses Abschnittes, C. 9, 3, nennt der Apostel die Juden nur
„m e i n e Brüder, m e i n e Verwandten nach dem Fleisch"; wa=
rum sagt er nicht „u n s e r e Brüder", wenn seine Leser zum
großen Theil Judenchristen waren? Zwar C. 4, 1 bezeichnet er
Abraham als „unsern Vorvater", allein V. 16 nennt er ihn so=
gleich wieder „unser aller Vater", d. h. Vater der gläubigen

Juden und gläubigen Heiden (vgl. C. 4, 11. 12. 9, 6 ff. Gal. 3, 7). Zudem beweist jener Ausdruck „unser Vorvater nach dem Fleische" sowenig für eine vorwiegend judenchristliche, oder auch nur einigermaßen bedeutende judenchristliche römische Gemeinde, als 1 Kor. 10, 1 die Bezeichnung der Israeliten in der Wüste als „unsere Väter alle" die korinthische Gemeinde als eine von Haus aus specifisch judenchristliche darthut. [62])

Zum Theil an Proselytenchristen.

Aber nun werden ja — so hält man uns entgegen — die Leser C. 7, 1 ausdrücklich als solche angeredet, „welche das Gesetz kennen." Diese Anrede, sowie die vielen alttestamentlichen Beziehungen und Beweisführungen im Römerbrief seien doch, behauptet man, das sprechendste Zeugniß für die jüdische Abkunft der Adressaten, beziehungsweise wenigstens für eine weit überwiegende Mehrheit von Judenchristen in der römischen Gemeinde. Wir sagen: Nein, diese Anrede und diese Beweisführungen aus dem Alten Testament beweisen so wenig für eine judenchristliche Mehrheit in der römischen Christenheit, als die in den Galater- und Korintherbriefen gleichfalls vorkommenden alttestamentlichen Beziehungen für judenchristlichen Charakter der Galater- und Korinther-Gemeinden einen Beweis leisten; sondern sie bestätigen nur für die römischen Gemeinden dasselbe, was uns überall in den heidenchristlichen Gemeinden entgegentritt: daß nämlich alle christliche Erkenntniß in der apostolischen Zeit sich an das Alte Testament anschloß und auf Grund des Alten Testaments weitergeführt wurde. [63]) Zudem verstand sich für Judenchristen Gesetzeskenntniß von selbst; wenn also der Apostel sich dennoch ganz besonders auf diese Kenntniß bei seinen Lesern beruft, so erscheint diese Erinnerung viel natürlicher unter der Voraussetzung, daß seine Leser ursprünglich Heiden waren, die erst seit ihrer Bekehrung zum Christenthum das alttestamentliche Gesetz kennen gelernt hatten. Und selbst die folgenden Verse, C. 7, 4—6, wo die Leser als Leute charakterisirt werden, die als Christen „dem Gesetze getödtet, von dem Gesetze des Todes, welches sie gefangen gehalten, befreit worden sind, also daß sie (jetzt) Gott dienen im neuen Wesen des Geistes und nicht (mehr) im veralteten Wesen des Buchstabens" — selbst diese Charakteristik spricht nicht gerade gegen **heidenchristliche** Leser, insofern auch in Gal. 4, 9 „das Gesetzlichwerden der Heiden als Rückkehr zu einem früheren Verhältniß der **Verhaftung**," der alten Unfreiheit dargestellt wird.

Aber konnten denn die jetzigen Heidenchristen der römischen Kirche nicht auch schon theilweise **vor ihrer Bekehrung zum Christenthum** das mosaische Gesetz kennen gelernt und unter dessen Buchstaben sich gebeugt haben als „Judengenossen", als **Proselyten des Judenthums**, welche sodann der Predigt des Evangeliums von Christus zufielen⁶⁴) und mit den unmittelbar aus dem Heidenthum gläubig Gewordenen, zumal seit der Austreibung der Juden und etwelcher Judenchristen im Jahr 53, die römische Christenheit bildeten? Römische Proselyten, und noch mehr Proselytinnen, gab es ja in damaliger Zeit die Menge, selbst solche aus den höchsten Ständen. Bekannt ist jene Fulvia, die Gemahlin eines Saturninus, der dem Kaiser Tiberius befreundet war (um 19 n. Chr.)⁶⁵); ferner eine Veturia Paula (Paulina) — genannt Sara — vielleicht aus vornehmem Adelsgeschlecht, welche mit allen ihren Sklaven zur Synagoge übergetreten war."⁵ᵃ) Ohne Zweifel war auch Poppäa, die Gemahlin des Kaisers Nero, eine Proselytin,⁶⁶) und jene berühmte Pomponia Gräcina, Gemahlin des Consuls Plautius, eines Zeitgenossen Nero's, ist vielleicht jüdische Proselytin, vielleicht gar auch Christin — genannt Lucina — gewesen († 84).⁶⁷)

Diese Zusammensetzung der römischen Christenheit — aus **Heidenchristen und Proselytenchristen** — anzunehmen, dazu nöthigt uns schließlich die zwiefache Thatsache, daß einerseits Paulus in seinem Römerbriefe **überall**, „wo er die römischen Christen auf ihr Volksthum anspricht, sie als Heiden (ἔθνη) bezeichnet," wodurch Judenchristen ausgeschlossen sind, also höchstens nur in verschwindend geringer Zahl vorhanden gewesen sein können;⁶⁸) und daß andrerseits die ganze apologetisch-polemische, und zugleich so irenische Haltung des Briefs in seinen beiden Haupttheilen Cap. 1—8 und 9—11⁶⁹) doch auch wieder judaistisch gesinnte Leser voraussetzt, welche, da eigentliche **Judenchristen** ausgeschlossen sind, nur als **judaisirende Heidenchristen** gedacht werden können, welche vor ihrer Bekehrung zum Christenthum Proselyten des Judenthums gewesen und als solche ihre judaistischen Vorurtheile mit in's Christenthum herübergebracht haben.[70]) Dies muß um so sicherer angenommen werden, weil eine **nachherige** judaistische Einwirkung auf bereits christgläubig gewordene Heiden, wie solche z. B. in den Gemeinden Galatiens und zu Korinth statt hatte, in der römischen Christenheit vor und bis zur Abfassung des Römerbriefs keineswegs nachweisbar ist.[71])

Auch der dritte, der praktische Theil des Römerbriefs mit seinen Ermahnungen zu demüthiger Liebe und brüderlicher Eintracht (C. 12. 13, 8 ff.), und insbesondere die Ermahnungen an die „Starken" und „Schwachen im Glauben" zu gegenseitiger Duldsamkeit mit der speciellen Warnung an die Starken, den Schwachen kein Aergerniß zu geben (C. 14), beweisen nicht nur im Allgemeinen das Vorhandensein beider Richtungen, einer paulinisch freigesinnten, welche aus unmittelbaren Heidenchristen bestand, und einer judaistisch gesinnten, welche aus Proselytenchristen — und etwa einigen wenigen Judenchristen — bestanden haben wird, sondern zeigen (vgl. C. 14, 1. 13 ff.) im Besondern auch deutlich an, daß diese „Schwachen", mögen es nun pythagoräische,[72]) essäische,[73]) oder, was das Wahrscheinlichste, ebionitische Asceiker gewesen sein, ebenso gewiß die Minderheit, wenn auch vielleicht eine recht bedeutende Minderheit, in der römischen Christenheit gebildet haben,[74]) als die „schwachen" Judenchristen in der Gemeinde zu Korinth (1 Cor. 8).[75])

An die Adresse dieser an Zahl nicht unbedeutenden, annoch judaisirenden Proselytenchristen ist offenbar auch die Ermahnung zum Gehorsam gegen die Obrigkeit im 13. Kap. des Römerbriefs gerichtet, und zwar scheint der mehrfach betonte Gedanke: „alle Obrigkeit ist von Gott und steht unter Gott" der ebionitischen Behauptung entgegentreten zu sollen, daß alle Obrigkeit der gegenwärtigen Welt vom Teufel stamme, also schlechthin un=

göttlichen Ursprungs sei.⁷⁶) Es ist daher überflüssig, die Veranlassung zu jener Ermahnung in der aufrührerischen Gesinnung der römischen Juden oder gar speciell in der Judenaustreibung des Jahres 53 zu suchen; denn die Ermahnten gehörten ja jedenfalls zum geringsten Theile von Haus aus zu den Juden, und die Proselytenchristen — ursprünglich Heiden — haben sich gewiß bereits seit dem Jahre 53, schon um ihrer äußeren Ruhe willen, von der römischen Judenschaft ferne gehalten (vgl. Apostelgesch. 28, 22) und sich immer enger an die unmittelbaren Heidenchristen angeschlossen, bis sie — und dazu trug ohne Zweifel der Römerbrief ein Wesentliches bei⁷⁷) — in dieser heidenchristlichen Mehrheit völlig aufgingen, d. h. mit ihr die volle christlich=sittliche Geistesgemeinschaft gefunden hatten.

II.

Für diese **Scheidung des römischen Proselyten=Christenthums vom dortigen Judenthum**, und was damit von selbst gegeben war, für die **Verschmelzung der judaisirenden Proselytenchristen mit den Heidenchristen zu einer innerlich einheitlichen Heidenchristengemeinde**⁷⁸) sind in der That auch mehrere geschichtliche Zeugnisse vorhanden.

1. Wie Paulus in seinem Briefe (C. 15, 25. 26. 28. 30—32) den Römern angekündigt hatte, so reiste er im Frühling 58 von Korinth aus, wo er den Römerbrief abgesandt hatte, zum jüdischen Pfingstfeste nach Jerusalem und überbrachte den dortigen Judenchristen die von den heidenchristlichen Gemeinden in Macedonien und Achaja zusammengesteuerte Liebesgabe. Aber seine an diese Reise geknüpften Befürchtungen sollten sich in viel höherem Maße, als er sie gehegt, verwirklichen und seinen weiteren Plan, von Jerusalem aus nach einem kurzen Besuch bei den „Römern" seine Missionsreise westwärts bis Spanien auszudehnen, unmöglich machen. In Folge nämlich eines von den Juden wider Paulus erregten Aufruhrs zu Jerusalem wurde der Apostel vom römischen

Paulus reist nach Rom.

Tribun Claudius Lysias gefangen genommen und an den Procurator Felix nach Cäsarea abgeliefert, von wo er nach zweijähriger Gefangenschaft auf Grund seiner Appellation an das kaiserliche Gericht zu Rom dahin eingeschifft wurde und nach langer schwieriger Fahrt im Frühjahr 61 mit zwei christlichen Reisegefährten, dem Thessalonicher Aristarch und einem Ungenannten, zu Rom ankam. Diesen Ungenannten halten wir, wie bereits (S. 14 ff.) gezeigt, für Titus, welcher jenen Reisebericht verfaßt hat, der nachher [79]) in die Apostelgeschichte aufgenommen worden ist und insbesondere auch die letzte Reise bis zur Ankunft in Rom beschreibt. Gemäß dieser „Wir"-Quelle (Apostelgesch. 28, 13 ff.) hatte Paulus auf seiner Reise nach Rom nicht nur schon zu Puteoli, einer griechisch-römischen Stadt am heutigen Golf von Neapel, eine Christengemeinde gefunden, sondern auch aus Rom selbst waren ihm die Christen, die Einen bis zu dem Marktflecken Apii Forum, die Andern bis zum Gasthause Tres Tabernä, 8 bezw. 6 deutsche Meilen auf der Appischen Straße zu seiner Begrüßung entgegengekommen. Gleichwohl bleibt der Apostel in Rom zunächst noch der dortigen Judenschaft fremd „und es bedarf von seiner Seite besonderer Schritte, wenn er mit ihr in Verbindung treten will"; und dann wollen die Spitzen der römischen Judenschaft „diese Sekte" der Christusgläubigen sogar nur vom Hörensagen kennen: — was entweder geschichtlich unrichtig oder aber eben ein Beweis dafür ist, daß jene Scheidung zwischen der römischen Judenschaft und der jedenfalls noch nicht besonders zahlreichen Heiden-Christengemeinde recht gründlich vollzogen war. [79])

Dieselbe Sachlage — Getrenntheit der römischen Christengemeinde von der dortigen Judenschaft — tritt uns aber auch drei Jahre später bei der **Neronischen Christenverfolgung** gemäß dem geschichtlich völlig zuverlässigen Berichte des Tacitus entgegen.

Aufschwung der röm. Christengemeinde durch Paulus.

Es darf als von vorne herein wahrscheinlich angenommen werden, daß durch den Apostel Paulus ein neues Leben in die Christengemeinde der römischen Hauptstadt kam und sie einen neuen, und zwar innerlichen wie äußerlichen, Aufschwung nehmen mußte (vgl. Phil. 1, 12. 13. [4, 22?]). Der Apostel war und blieb zwar seit seiner Ankunft zu Rom kaiserlicher Gefangener und wurde als solcher der polizeilichen Aufsicht des Commandeurs der kaiserlichen Leibwache — ohne Zweifel noch des edlen Afranius Burrus [80]) — unterstellt, erhielt jedoch die Vergünstigung, bis zur Entscheidung seines Processes eine eigene Miethswohnung in der Nähe der Prätorianerkaserne am Nordostende der Stadt beziehen zu dürfen, wo er Briefe schreiben, Besuche empfangen (vgl. 2 Tim. 1, 16. 17) und, obgleich stets an einen Soldaten gefesselt, „das Reich Gottes predigen und von dem Herrn Jesus Christus mit aller Freudigkeit lehren konnte, ungehindert" (Apostelgeschichte 28, 16. 30. 31).

Ohne Zweifel dem Erfolge dieser Lehrthätigkeit ist es wenigstens mit zuzuschreiben, daß jetzt die Christen in Rom auch von den dortigen Heiden nicht mehr mit den Juden zusammengeworfen wurden, sondern daß jetzt in Rom die Erkenntniß durchdrang, das Christenthum sei, obgleich aus dem Judenthum hervorgegangen, dennoch eine für sich selbständige, von diesem verschiedene, ja angefeindete Religion. [81]) Zur Zeit des Kaisers Claudius verschwanden die Christen noch unter der tumultuirenden Judenschaft [11]); dagegen jetzt, zur Zeit Nero's, heißen sie bereits Christianer, sowohl bei Sueton, als auch bei Tacitus. [82]) Letzterer weiß gelegentlich seines Berichts über die Neronische Brandstiftung und Christenverfolgung für diese Zeit Folgendes zu erzählen: „Jener unheilvolle Aberglaube (exitiabilis superstitio), welcher durch die Hinrichtung seines Urhebers, des von Pontius Pilatus unter der Regierung des Kaisers Tiberius mit dem Tode bestraften Christus, für den Augenblick unterdrückt (repressa) gewesen, sei dann wieder hervorgebrochen, und zwar nicht nur in Judäa, wo das Unheil (malum) entstanden war, sondern auch in Rom, wo Alles, was scheußlich und schandbar ist, zusammenströme und Anhang finde." Und zwar — das mußte selbst der dem Christenthume überaus feindselig gegenüberstehende Römer ausdrücklich bezeugen — wurden bei der nach dem Brande Roms gegen die Christen eingeleiteten Untersuchung nicht nur solche, welche sich offen zum Christenthum bekannten (fatebantur), aufgegriffen und wegen Brandstiftung in Anklagestand versetzt, sondern auf deren Angaben hin ward eine ungeheure Menschenmenge, zwar nicht der Brandlegung, welche Nero von sich auf die Christen abzuwälzen für räthlich gefunden hatte,⁸²*) wohl aber des Hasses gegen das menschliche Geschlecht — das will sagen: des christlichen Glaubens und Bekenntnisses — für schuldig befunden.⁸³) Wenn nun also die „Christianer" als s o l ch e im Unterschied von den Juden, von denen in diesem Berichte gar nicht mehr die Rede wird, jetzt, im Jahr 64, den Römern bekannt waren und durch ihre große Zahl „einen geradezu unheimlichen Eindruck" auf dieselben machten, so ist Zweierlei klar; einmal wieder: zwischen Juden und Christen in Rom bestand damals keine Gemeinschaft, kein Zusammenhang mehr; und zum Andern: diese Christengemeinde ist eben durch zahlreiche H e i d e n bekehrungen so mächtig erstarkt und den Römern als Heiden unheimlich geworden. Diese Heidenbekehrungen aber dürfen ohne Bedenken als das Werk des unermüdlichen Apostels Paulus angesehen werden, welcher auch während seiner Gefangenschaft in Rom — nicht sowohl dem seinem Quartiere am entferntesten gelegenen Judenviertel im Westen der Stadt jenseits der Tiber, sondern — der eigentlichen Stadt, der h e i d n i s ch e n Bevölkerung Roms diesseits des Tiberflusses seine erfolgreiche Missionsthätigkeit zugewendet hatte⁸⁴) und so seinem Heidenapostelberuf treu geblieben war bis an sein Ende.

Des Paulus Ende.

Denn daß Paulus im Jahr 64 seinen Tod fand, darf als eine ausgemachte Sache gelten, so wenig wir auch Ort und Umstände seines Sterbens kennen und also nicht wissen können, ob der Apostel in der großen Feuersbrunst selbst, die allerdings auch die Prätorianerkaserne in Schutt legte, umgekommen ist, oder ob sein unmittelbarer Kerkermeister Tigellinus, welcher die Neronische Christenverfolgung leitete, ihn zuerst ergriff, oder ob er den gräulichen Schauspielen Nero's mit den andern Christen zum Opfer gefallen, oder ob er kurz vor dem Brande, dadurch, daß der gegen ihn schwebende Proceß zu seinen Ungunsten entschieden wurde, in ordentlichem Gerichtsverfahren zum Tode verurtheilt und demzufolge enthauptet worden ist.⁸⁵) Wenn dagegen die spätere kirchliche Sage⁸⁶) den Apostel Paulus aus der Gefangenschaft wieder frei werden, eine neue Missionsreise nach Spanien machen und schließlich gemeinsam mit Petrus im vorletzten Jahre Nero's, d. i. 67, den Märtyrertod in Rom erleiden läßt, so beruhen diese Legenden, von factischen Unmöglichkeiten und Widersprüchen abgesehen, auf falschen Schlüssen, welche aus Röm. 15, 24. 28 und 2 Tim. 4, 16 ff. gezogen wurden, und sind geschichtlich völlig werthlos.⁸⁶ᵃ)

Der Verlauf der römischen Feuersbrunst im Juli 64 sowie die furchtbaren Martern, welche daraufhin von dem Brandstifter Nero mit teuflischer Verruchtheit gegen die schuldlosen Glieder der römischen Christengemeinde in Scene gesetzt wurden, sind allgemein bekannt. Die römischen Geschichtschreiber Tacitus und Sueton⁸²) haben das Verfahren gegen die römischen Christen in seiner ganzen Scheußlichkeit geschildert. Notorische Anhänger des Christenglaubens wurden so lange auf der Folter befragt, bis sie die Namen der übrigen Gemeindeglieder angaben. Die Gefängnisse füllten sich. Der Anklage auf Brandstiftung konnten sie natürlich nicht überwiesen werden, wohl aber ihres „grundverderblichen Aberglaubens", menschenfeindlicher Gesinnungen und staatsgefährlicher Lehren.⁸³) Das genügte. Jetzt wurden die Einen gekreuzigt, Andere verbrannt oder in Thierfelle eingenäht im Cirkus von Hunden zerrissen. In den Gärten Nero's leuchteten am Abend bei einem festlichen Wagenrennen, an welchem Nero selbst als Wagenlenker theilnahm, Pechfeuer auf: „es waren lebende Christen, die man in theergetränkte Leinwand eingehüllt und mit dem Hals an den Kienpfahl angebunden hatte." Und nicht blos die Männer, sondern auch die Frauen der Christengemeinde mußten harte und schimpfliche Mißhandlungen erdulden. In mythologischen Darstellungen wurden sie gebunden als Danaiden und Dirken dem Volke vorgeführt. So sagt wenigstens Clemens von Rom in seinem Briefe an die Korinther (C. 6): „Zu diesen Männern (den Märtyrern Petrus und Paulus), die

Neronische Christenverfolgung.

so heilig gewandelt, ward eine große Menge von Auserwählten mit hinzu — an den heiligen Ort im Himmel — versammelt, welche auch viele Mißhandlungen und Martern um Eifers (leidenschaftlicher Mißgunst) willen zu erleiden hatten und in unsrer Mitte das schönste Beispiel gegeben haben. Um Eifers willen wurden auch Weiber als Danaiden und Dirken verfolgt und hatten schreckliche und unsagbare Mißhandlungen zu erdulden. Dennoch gelang es ihnen, den Lauf des Glaubens ohne Wanken zu vollenden, und sie erlangten einen herrlichen Lohn, sie, die doch nur schwache Weiber waren." Kein Wunder daher, daß angesichts solch scheußlicher Martern selbst bei den harten Römern trotz allen Christenhasses ein eigenthümliches „Mitleid sich regte, als ob die auf so unerhörte Weise Bestraften nicht dem öffent= lichen Wohle, sondern der Grausamkeit eines Einzigen geopfert worden seien."

2. Mit welch heroischer Standhaftigkeit die römischen Christen das Neronische Gemetzel über sich ergehen ließen, dafür liefert nicht nur die eben citirte Stelle aus dem Clemensbriefe das schönste Zeugniß, sondern selbst der Christenfeind Tacitus weiß Nichts von Verleugnung des Glaubens zu berichten, muß vielmehr auch das Zeugniß des Clemens bestätigen, daß eine „außerordent= liche Menge" Christen unter ausgesuchten Martern den Tod er= litt. Ungeheuer aber war der Eindruck, welchen die Neronische Verfolgung auf die ganze Christenheit jener Tage hervorbrachte. Der Name „Rom" wurde jetzt in christlichen Kreisen ebenso ver= haßt, wie bei den Juden nach ihrer Wegführung aus dem heiligen Lande der Name „Babel" geworden war. Zum ersten Mal hatte die römische Staatsmacht, die Macht des Heidenthums, einen tödtlichen Schlag gegen die Christusgemeinde geführt; „darin sah man nichts Anderes als das erste Signal der großen Kata= strophe, das Eintreten der letzten Noth. Nur vier Jahre später gab der Tyrann sich selbst den Tod, und alsbald erscheint das christliche Gegenmanifest gegen seine Kriegserklärung wider Chri= stus," jenes geheimnißvolle, und doch so deutlich sprechende Buch der Offenbarung Johannes. Denn „die große Babel", die Mutter

Die Offen= barung Jo= hannes.

aller Greuel auf Erden, das Weib, das trunken ist vom Blut der Zeugen Jesu, ist das heidnische Rom (Offenb. 17); und das Thier, das wider die Heiligen streitet, der Antichrist, welcher dem großen Tage des Herrn vorangehen, dann aber von dem wiederkehrenden Christus vernichtet werden wird (C. 13. 19), das ist Nero. „Römische Geschichtschreiber überliefern uns die damals unter allem Volk verbreitete Sage, wonach der gefürchtete Tyrann nicht todt gewesen, sondern plötzlich vom Euphrat her, an der Spitze der Parther, der Erbfeinde Roms, erscheinen würde, um aufs Neue die Welt zu quälen. Ganz so bewegen sich am Himmel des Sehers in der Offenbarung [87]) gespenstige Reiterzüge, vom Euphrat her nahend, die entsetzliche Gestalt des zum Tod verwundeten, aber wieder aufgelebten Christenverfolgers an der Spitze (C. 13, 3. 12). ‚Sie werden Rom einnehmen‘ — weissagt der Seher — ‚und grausame Rache üben, Rom wird vergehen, Jerusalem aber bleiben.‘" [88])

In der geschichtlichen Wirklichkeit erfolgte freilich alsbald das gerade Gegentheil von dem, was der apokalyptische Seher erwartet und verkündet hatte: Jerusalem fiel (70 n. Chr.) und Rom blieb bestehen, und auch die sehnlichst erwartete Wiederkunft Christi blieb aus. So sah sich denn jetzt die Christenheit in die Nothwendigkeit versetzt, wohl oder übel mit den geschichtlichen Thatsachen zu rechnen und das weit ausschauende Werk an die Hand zu nehmen, das Reich ihres Christus in d i e s e irdische Welt hereinzubauen, obwohl es nicht von dieser Welt ist, und obwohl ihr eigenes innerstes Fühlen und Denken immerfort der jenseitigen, übernatürlichen Welt angehörte. So führten die Christen seitdem ein doppeltes Leben: „sie verweilen auf der Erde, aber im Himmel verkehren sie als Bürger." [89])

3. Die römische Gemeinde im Besonderen betreffend, wissen wir über ihre Entwickelung in den nächsten 30 Jahren wenig Sicheres. Sie scheint, nachdem der Sturm der Neronischen Verfolgung vorüber war, bald wieder zu neuer Blüthe gediehen zu sein, und zwar abermals aus H e i d e n den kräftigsten Zuwachs erhalten

Die röm. Christen unter Domitian.

zu haben. Dagegen sprechen durchaus nicht die Leiden, denen sie, allen Anzeichen zufolge hin und wieder, besonders unter dem Kaiser Domitian zugleich mit Juden wegen Entrichtung der Judensteuer ausgesetzt waren, weil sie, wie der Heide Sueton [90] sagt, „ohne sich zum jüdischen Glauben zu bekennen, nach jüdischen Bräuchen lebten." Zudem wissen wir von diesem Kaiser, daß er, „ein Stück Nero an Grausamkeit", [91] auch römische Christen als solche verfolgte. „Unter vielen Andern" ließ er ja sogar seinen Vetter, den Consular Flavius Clemens hinrichten, dessen Gemahlin Flavia Domitilla nach Pandataria, einer Felsenklippe des tyrrhenischen Meeres, und deren gleichnamige Nichte [92] nach der benachbarten Insel Pontia verweisen, und wiederum Andern das Vermögen confisciren: und zwar dies Alles wegen angeblicher Verachtung der Götter und Hinneigung zum Judenthum, [93] d. h. aber eben nach damaligem Sprachgebrauche: wegen ihres Christenglaubens.[93*] Das Christenthum hatte also jetzt auch in den höchsten Ständen, bei reichen und vornehmen Römern „viele" Anhänger gefunden, und war, wie dies auch die Inschriften aus der Katakombe der Flavia Domitilla beweisen, insbesondere zugleich in die flavische Kaiserfamilie selbst eingedrungen. [94]

Der Clemensbrief an die Korinther.

Auf die Domitianischen Quälereien römischer Christen bezieht sich das schon erwähnte Sendschreiben der dortigen Christengemeinde an diejenige zu Korinth (S. 1. 59), welches bereits den Hebräerbrief des N. Testaments — besonders in Cap. 36 — benutzt, [95] also nicht vor dem Jahre 96 verfaßt worden sein kann. Dieses Schreiben, welches den Zweck verfolgt, die korinthische Gemeinde, in welcher Streit und Parteiung durch Auflehnung gegen die kirchliche Ordnung und besonders gegen das Aeltestenkollegium entstanden war, zum kirchlichen Frieden und zur Unterordnung unter das Presbyterium zurückzuführen, beweist abermals den heidenchristlichen Bestand und paulinischen Charakter der römischen Christengemeinde. Mag dessen Verfasser Clemens, ein Mitglied, bezw. Vorsteher des römischen Presbyteriums, mit dem vorhin genannten römischen Consular

Flavius Clemens identisch sein oder nicht,⁹⁶) jedenfalls war er ein **Heidenchrist**, und der von ihm verfaßte Gemeindebrief trägt ein entschieden heidenchristliches paulinisches Gepräge.⁹⁷) Er bezeugt nicht nur den heidenchristlichen Ursprung der römischen Gemeinde (C. 55: ἐν ἡμῖν), sondern rechnet auch den Apostel Paulus zu den „größten und gerechtesten Säulen der Kirche" (C. 5; vgl. Gal. 2, 9). Indem das Schreiben sich bemüht, die Einheit paulinischer Glaubensgerechtigkeit, die scharf ausgesprochen wird (z. B. Cap. 32), mit praktischer Sittlichkeit darzuthun, dabei aber einerseits den rechtfertigenden Glauben nicht mehr, wie Paulus, als solchen zu Christus, sondern allgemein als Glaube an Gott, als Anerkennung des allmächtigen und allwissenden Gottes und als Befolgung des göttlichen Willens faßt, und in Folge dessen andrerseits einer sittengesetzlichen Auffassung des Evangeliums sich zuneigt, d. h. also: in Worten zwar noch die paulinische Rechtfertigung aus Glauben beibehält, aber mit den paulinischen Ausdrücken den unpaulinischen Sinn einer Rechtfertigung durch Gehorsam gegen den Willen, gegen das Gesetz Gottes verbindet⁹⁸) — huldigt dasselbe zwar noch der paulinischen Richtung, aber allerdings schon in abgeschwächter Form, und spricht demgemäß eine mit dem getrübten Paulinismus gesättigte heidenchristliche Denkart aus, welche sich bei andern apostolischen Vätern von der ursprünglichen reinen Pauluslehre nur noch weiter entfernt und hier — bei Clemens — schon im Begriffe steht, den ersten Schritt, nicht sowohl in jüdische, bezw. judenchristliche Gesetzlichkeit und Werkgerechtigkeit rückwärts, als vielmehr in die nachmals katholische Auffassung des Christenthums als eines neuen Gesetzes hinein vorwärts zu thun. — Auch enthält der Brief nicht die leiseste Andeutung von einer Spannung oder gar von Streitigkeiten zwischen Heiden- und Judenchristen, bezw. judaisirenden Proselytenchristen, sei es in Korinth sei es in der römischen Gemeinde, zum deutlichsten Beweise, daß von Judenthum oder engherzigen judaistischen Anschauungen, wie solche noch der paulinische Römerbrief berücksichtigte, jetzt keine Spur mehr vorhanden war. Dies zeigt sich

auf unverkennbare direkte Weise zugleich in dem zu dem Clemens=
briefe (Cap. 59—61) gehörigen Gebete, welches erst vor fünf
Jahren (1875) durch den macedonischen Metropoliten Philotheos
Bryennios aus einer jerusalemischen Handschrift (vom Jahre 1056)
veröffentlicht worden ist [29]) und ohne Zweifel einen Bestandtheil
des ständigen römischen Kirchengebets ausmachte, zugleich aber
jetzt eine charakteristische gegensätzliche Parallele bildet zu der noch
von Paulus nöthig gefundenen Ermahnung an die Römer zum
Gehorsam gegen die Obrigkeit. Der betreffende Passus dieses
Gebetes lautet:

Römisches Kirchen= gebet.

„Unsern Herrschern und Gebietern auf Erden hast du, Herr,
„die königliche Gewalt durch deine Majestät und Kraft verliehen,
„damit wir in Erkenntniß der von dir ihnen geschenkten Hoheit
„und Würde ihnen unterthan seien, nicht deinem Willen entgegen.
„Ihnen gib, o Herr, Gesundheit, Frieden, Eintracht, Wohlfahrt,
„damit sie die von dir ihnen verliehene Herrschaft unbehindert
„ausüben mögen. Denn du, Herr, himmlischer König der Welten,
„gibst den Menschenkindern Hoheit, Würde und Gewalt über das,
„was auf Erden ist. Du, Herr, richte ihren Sinn so, wie es
„vor dir gut und wohlgefällig ist, damit sie, friedlich, gelinde
„und fromm die von dir ihnen verliehene Gewalt vollstreckend,
„deiner Huld theilhaftig werden."

Also die Majestät staatlicher Ordnung anerkennend betete
die römische Christengemeinde, nachdem sie unmittelbar zuvor das
Wüthen des Tyrannen Domitian gegen viele ihrer Glieder hatte
erfahren müssen. Dieses Gebet zeigt den Geist des Christen=
thums bereits in innigster Vermählung mit dem „antik
römischen" Bewußtsein; und dieses „christliche Römerbewußt=
sein" spricht sich im Sendschreiben des Clemens allenthalben aus,
weil eben die römische Gemeinde von demselben durchdrungen war.

Das Römer= bewußtsein des Cle= mensbriefs.

Dieses specifisch römische Bewußtsein dieser Christen=
gemeinde der Welthauptstadt, begabt mit dem Instinkt und Sinn
für Weltherrschaft, sollte bekanntlich in seiner weiteren Entwicke=
lung nach einer andern Richtung hin von der tiefgreifendsten Be=
deutung werden für die Geschichte der ganzen Christenheit. Hier,

im Clemensbriefe, regte es sich zum ersten Flügelschlage, als die Römergemeinde gegen die kirchliche Unordnung in einer a n d e r n Gemeinde auftritt, „ihre Vertreter dahin sendet (C. 59) und in entschiedenster Weise Umkehr, Wiederherstellung der Einheit und Ordnung" und Unterordnung fordert, ohne welche in der Kirche so wenig etwas Großes erreicht werden könne, als in dem Kriegsheere des Kaisers ohne militärische Subordination (C. 37 ff.). Wir sehen: „Rom übt zum ersten Mal Kirchenautorität"; [100]) es „tritt zwar noch weniger das Bewußtsein des Rechts hervor als das der Pflicht"; Rom „pocht noch nicht auf ein von den Aposteln ererbtes Recht". [101]) Wohl aber wird schon recht deutlich betont: Christus war von Gott gesandt, die Apostel von Christus, und von den Aposteln wieder sind — nach prophetisch verkündigter Gottesordnung (Jes. 60, 17 LXX) — die Presbyter (Episkopen) und Diakonen eingesetzt, welche den Laien gegenüber eine Art neutestamentlichen Priesterthums bilden (C. 40—42). [102]) Und der das schreibt, ist selbst Presbyter=Bischof an der Spitze des Presbyteriums der Welthauptstadt, [103]) „von der die Völker schon längst gewohnt waren Gesetze zu empfangen," an der Spitze der Römergemeinde, an welche sich jetzt auch einzelne Häupter der zu Korinth unterdrückten Partei um Intervention gewendet haben, und welche daraufhin den genannten Brief durch drei Gemeindevertreter persönlich der korinthischen Gemeinde zustellt mit der Erwartung, „daß sie uns eilend euern ersehnten und gewünschten Frieden und Eintracht verkündigen," „daß ihr gehorsam werdet unserm Schreiben," denn diese Gemeindegesandten „werden Zeugen sein zwischen euch und uns" (C. 59. 63).

Dabei versäumt es die Gemeinde der Welthauptstadt nicht, zugleich ihrem „freudigen Stolze" Ausdruck zu geben, mit welchem sie wie auf die römischen Märtyrer überhaupt, i h r e Märtyrer, so auf das Martyrium der beiden Apostel „Petrus und Paulus" insbesondere hinblickt. Nachdem nämlich das Gemeindeschreiben angesichts der korinthischen Parteistreitigkeiten zunächst an einer Reihe alttestamentlicher Beispiele bewiesen hat, „wie viel Unglück leidenschaftlicher Eifer und Neid in der Welt schon angerichtet

Petrus und Paulus.

haben," fährt dasselbe wörtlich also fort (C. 5): „Aber um mit den Beispielen aus alter Zeit ein Ende zu machen, wollen wir auf die jüngsten Kämpfer zu reden kommen. Nehmen wir die edlen Vorbilder unsers Geschlechts. Um Eifers und Neides willen wurden die größten und gerechtesten Säulen der Kirche verfolgt und haben bis zum Tode gestritten ($ἤθλησαν$). Stellen wir uns vor Augen **die guten Apostel**. Petrus erduldete um ungerechten Eifers willen nicht ein oder zwei, sondern viele Leiden, und nachdem er so Zeuge — Märtyrer — geworden ($μαρτυρήσας$), ging er hin an den ihm gebührenden Ort der Herrlichkeit. Um Eifers willen erlangte auch **Paulus** den Kampfpreis der Geduld, er, der sieben Mal die Ketten trug, aus dem Lande verjagt, gesteinigt ward; ein Herold geworden im Morgen- und Abendland, gewann er den edlen Ruhm seines Glaubens, nachdem er die ganze Welt Gerechtigkeit gelehrt (vgl. Röm. 15, 19) und bis zur Grenze des Abendlandes (vgl. Apostelgesch. 13, 47) gekommen und [hier] Zeuge geworden ($μαρτυρήσας$) war vor der Obrigkeit: so ging er aus der Welt hinweg an den heiligen Ort, das größte Vorbild der Geduld."

Diese Zusammenstellung der beiden „guten Apostel" Petrus und Paulus führt uns noch zu einer letzten Frage, die wir ganz kurz wenigstens beantworten müssen; zu der Frage nämlich: War der Apostel Petrus wirklich in Rom, und ist er zu Rom den Märtyrertod gestorben?

4. Auf das heidenchristlich-paulinische Zeitalter folgte bald in der ersten Hälfte des zweiten Jahrhunderts die judenchristliche ebionitisch-petrinische Periode, welche auf Unkosten des wirklichen Heidenapostels Paulus den von Haus aus judenchristlichen Petrus zum Heidenapostel stempelte und zum Begründer der römischen Kirche machte.

Philipperbrief. Zwar im Philipperbrief des N. Testaments, welcher etwa in die ersten Jahre des Kaisers Hadrian, um 120, zu verlegen sein wird, erscheint nicht nur der Heidenchrist Clemens noch als Mitarbeiter des Heidenapostels Paulus, sondern auch Petrus selbst tritt noch friedlich als „Genosse" (σύζυγος) dem Paulus zur Seite (Phil. 4, 3).¹⁰⁴) Beide Apostel bilden hier noch, wie schon im Korintherbriefe des Clemens, ein „harmonisches Paar", d. h. das paulinische Christenthum behauptet sich noch neben dem petrinischen. Aber doch neigt sich der Zug des Zeitalters jetzt schon von Paulus zu Petrus: der ursprüngliche Heidenchrist Clemens wird bereits mit dem Judenapostel Petrus in Verbindung gebracht (C. 4, 3), um bald in der sich weiter bildenden Sage (der Clementinen) zum Schüler und Begleiter dieses judenchristlichen Hauptes umgestempelt und schließlich zu dessen — unmittelbarem oder mittelbarem — Nachfolger auf dem Bischofsstuhle zu Rom erhoben zu werden.

Inzwischen hatte nämlich dieses **judaisirende Zeitalter** schon vor Mitte des zweiten Jahrhunderts den **Petrus** zum eigentlichen Heidenapostel gemacht, auf **ihn** nicht blos die paulinische Idee des christlichen Universalismus und die paulinische Heidenpredigt übertragen, sondern **ihn** auch zum Begründer und Oberhaupt der Römerkirche eingesetzt.¹⁰⁵) Als der **wahre** Heidenapostel — so weiß jetzt der judenchristliche Ebionitismus einen schmucken Roman (in den Pseudoclementinen) in absichtlichster Erfindung auszuspinnen — verfolgt Simon Petrus im Kampfe mit Simon Magus, in welchem wir das Zerrbild des Apostels Paulus zu erkennen haben, diesen als den **falschen** Heidenapostel von Palästina bis nach Rom, wo er diesen Lügenapostel entlarvt und ihm das kläglichste Ende bereitet, dafür aber durch dessen Freund und Beschützer, den Kaiser Nero, den Kreuzestod erleiden muß gleich Christo, dessen Stellvertreter er dergestalt wie im Leben so im Tode warb.¹⁰⁶)

So groß aber auch die Feindseligkeit des römischen Ebionitismus, von welchem diese Tendenzdichtung ausging, gegen Paulus und dessen apostolische Wirksamkeit unter den Heiden und in Rom selbst war, so konnten doch die großen Erfolge dieser Wirksamkeit nicht abgeleugnet und rückgängig gemacht, die paulinisch-heidenchristlichen Gemeinden nicht aus der Welt geschafft werden. Es mußte sich vielmehr, und zwar gerade in Rom selbst, das

Ebionitisch-petrinisches Zeitalter.

Bedürfniß nach einer Ausgleichung des judenchriſtlich-petriniſchen und des heidenchriſtlich-pauliniſchen Gegenſatzes bald wieder geltend machen. Dieſen Bedürfniſſen kommen in der That ſeit den ſechziger, ſiebenziger Jahren des zweiten Jahrhunderts diejenigen kirchlichen Sagen [107]) entgegen, welche den Petrus mit dem „guten Apoſtel" der Heiden, mit Paulus, wieder zuſammenführen, **beide** — freilich wiederum gegen alle geſchichtliche Wahrheit! — nicht nur zu Stiftern der antiocheniſchen und der korinthiſchen Chriſten=gemeinde machen, ſondern mit aller Betonung auch beide zu=ſammen nach Rom kommen und brüderlich vereint daſelbſt die wahre Lehre verkünden, die apoſtoliſch=katholiſche Kirche der Welthauptſtadtgemeinde gründen und beide zuſammen unter Nero den Märtyrertod ſterben laſſen, den Petrus am Kreuze auf dem vatikaniſchen Hügel, den Paulus durch das Schwert außerhalb der Stadt.

Petro-pau-liniſche (katholiſche) Zeit.

So ungeſchichtlich übrigens auch dieſe „petropauliniſche" Sage iſt, ſo liegt ihr gleichwohl — dieſelbe **ideell** betrachtet — wenigſtens ein Körnchen Wahrheit zu Grunde, inſofern in der That nachgerade die alte katholiſche Kirche aus einer Ausgleichung und Vereinigung der beiden urchriſtlichen Hauptrichtungen, der judenchriſtlichen, die auf Petrus hielt, und der heidenchriſtlichen, die ſich an den Namen Paulus knüpfte, hervorgegangen iſt und auf der Gemeinſamkeit petriniſchen und pauliniſchen Geiſtes ſich auferbaut hat; allerdings dies vorwiegend auf petriniſch=judaiſti=ſchem Geiſte, wie denn auch nicht Paulus, der doch geſchichtlich angeſehen, viel eher ein Recht auf dieſe Auszeichnung gehabt hätte, ſondern Petrus zum Oberhaupt der römiſchen Chriſtenheit in der Sage erhoben wurde, aus dem einfachen Grunde, weil dieſer ſich in jeder Beziehung viel beſſer zum Träger der hier=archiſchen Beſtrebungen der römiſchen Kirche eignete. Schon in dieſer Thatſache aber „liegt auch ein Hauptbeweis für das Be=wußte und Abſichtliche in dieſer ganzen Sagenbildung."

Petrus Bi-ſchof zu Rom?

Dazu kommt: Petrus ſoll nach der herrſchend gewordenen An=nahme vorerſt 7 oder 10 Jahre lang erſter Biſchof von Antiochien in Syrien geweſen,[105]) dann, im zweiten Jahre des Kaiſers Claudius, das ist 42 n. Chr.,¹⁰⁹) nach Rom gekommen sein, in der Neronischen Christenverfolgung, welche fälschlich auf das Jahr 67 angesetzt wird, die Märtyrerkrone erlangt, und also gerade 25 Jahre lang des römischen Bischofsamtes gewaltet haben.

Daß diese römisch-katholische Ueberlieferung baare Unmöglichkeiten behauptet und von Anfang bis zu Ende reine Dichtung, vielleicht theilweise recht raffinirte Dichtung ist, das weiß jeder Protestant, der nur einigermaßen in seinem Neuen Testamente zu Hause ist.

Petrus soll römischer Bischof gewesen sein in demselben Sinne, wie es in späteren Jahrhunderten solche in der katholischen Kirche gab, zudem ein Bischof mit den weitreichenden Machtbefugnissen, welche die römischen Päpste als dessen Nachfolger auf dem Stuhle Petri nachgerade für sich in Anspruch genommen haben? Allein Bischöfe in diesem Sinne, in dem Sinne „einer bis zum Lebensende dauernden Einzelregierung oder oberpriesterlicher Herrschaft über die ganze Gemeinde wie über die Presbyter derselben hat es in der ganzen apostolischen Zeit" bis zum Ende des ersten christlichen Jahrhunderts, ja bis in die Mitte des zweiten Jahrhunderts hinein,¹¹⁰) „nie und nirgends gegeben." Das ganze Neue Testament, seine jüngsten Schriften nicht ausgenommen, kennt nur Gemeindevorsteher in der Mehrzahl, welche als Vertreter der Gemeinde, als Gemeindebeamte bald „Aelteste" (Presbyter) bald „Bischöfe" (Aufseher, Episkopen) genannt werden, ohne daß damit ein Gradunterschied in der Stellung, sei es der Gemeinde gegenüber oder den andern Mitgliedern des Gemeindevorsteherkollegiums gegenüber, ausgesagt werden will. „Von einem monarchischen Episkopate zu Rom oder sonstwo kann also v o r der zweiten Hälfte des zweiten Jahrhunderts schlechthin keine Rede sein"¹¹¹); von Papstbischöfen gar zu schweigen! Und so kann auch Petrus weder zu Antiochia noch zu Rom Bischof im spätern katholischen Sinne des Wortes gewesen sein.

Aber ist denn Petrus überhaupt in den bezeichneten Jahren in diesen Gemeinden gewesen? Vom Jahre des Kreuzes Jesu bis auf Claudius soll er 10 — oder auch blos 7 — Jahre Bischof in Antiochien gewesen sein? Nach der Apostelgeschichte und nach dem Zeugniß des Galaterbriefs (C. 1, 18. 2, 1. 11) hatte ja aber Petrus seit dem ersten Pfingstfeste seinen Sitz zu Jerusalem noch im Jahre 41, da Paulus das erste Mal zu ihm nach Jerusalem kommt; er ist daselbst anwesend im Jahre 44, da Jakobus der Zebedäide durch das Schwert des Herodes Agrippa fällt (Apostelgesch. 12); auch noch im Jahre 52 trifft Paulus die drei Säulenapostel Jakobus den „Bruder des des Herrn", Petrus und Johannes zu Jerusalem (Apostelgesch. 15. Gal. 2, 9), und erst nach dieser Apostelversammlung ist Petrus nach Antiochien gekommen, aber nicht zu einer Oberleitung dieser Gemeinde, sondern nur zu einem vorübergehenden Besuche derselben, wobei er sich jene „Heuchelei" zu Schulden kommen ließ, um deretwillen ihn Paulus so schroff und öffentlich zurechtgewiesen hat (Gal. 2, 11 ff.). — Und obgleich Petrus also noch im Jahre 52 zu Jerusalem anwesend war, so soll er hinwiederum doch schon vom zweiten Jahre des Claudius, d. i. vom Jahre 42 an den Bischofsstuhl zu Rom 25 Jahre lang bis 67 inne gehabt haben? Allein treffen wir denn den Apostel Petrus nicht noch nach seinem antiochenischen Besuche auf Missionsreisen an (1 Kor. 9, 5)? und legt nicht der ganze Römerbrief des Paulus beredtes Zeugniß dafür ab, daß Petrus weder der Begründer des römischen Christenthums, noch vor Abfassung des Römerbriefs, also vor dem Jahre 58 in Rom, beziehungsweise in Italien gewesen sein kann?"[11*]) Petrus könnte, wenn er überhaupt nach Rom gekommen wäre, überhaupt nicht vor, sondern erst nach Paulus dorthin gelangt sein. Da nun aber die Apostelgeschichte, wo sie auf die zweijährige Wirksamkeit des Paulus in seiner Gefangenschaft zu Rom zu sprechen kommt (C. 28, 16 ff.), von einer in der Zwischenzeit erfolgten Ankunft und gleichzeitigen römischen Wirksamkeit des Petrus auch nicht das Geringste andeutet; da ferner weder die ächt paulinischen Briefe aus der römischen Gefangenschaft (Philemon=, Colosser= und zweites Timotheusbriefchen), noch auch die späteren, dem Paulus beigelegten Briefe (Ephesor=, Philipper= und Pastoralbriefe) — den

erſten Petrusbrief (C. 5, 13) nebſt dem Korintherbrief des Cle=
mens (C. 5, 4)[112]) nicht ausgenommen — eine Romreiſe oder
einen römiſchen Aufenthalt und r ö m i ſ ch e s Martyrium des
Petrus erwähnen — da alſo die heidenchriſtlich=pauliniſchen Kreiſe
in und außerhalb von Rom weder gegen Ende des erſten Jahr=
hunderts noch im erſten Viertel des zweiten ein Wiſſen davon
verrathen; ſo haben ſeit Velenus (1520) und Matthias Flacius
Illyricus (1554) ſehr viele proteſtantiſche Forſcher mit
vollem Rechte die ganze Ueberlieferung von einem römiſchen
Aufenthalte und römiſchen Märtyrerthum des Petrus in das
Reich der Fabel verwieſen.[113]) Dabei kann immerhin zugeſtanden
werden, daß Petrus den Märtyrertod erlitten habe (wie dies
ſchon der römiſche Clemens Cap. 5 anzudeuten ſcheint),[114]) jeden=
falls aber iſt er nicht in R o m geſtorben; mag er wirklich auch
gekreuzigt worden ſein (Joh. 21, 18. 19), ſo beruht doch ſogleich
wieder die Ausſchmückung der Sage, die Kreuzigung ſei in um=
gekehrter Körperſtellung erfolgt, auf einem Mißverſtändniß.[115])
In alle Wege aber bleibt das als völlig ſicheres Ergebniß der
geſchichtlichen Forſchung ſtehen: Petrus iſt weder v o r Paulus,[116])
noch m i t Paulus,[117]) noch auch n a ch Paulus[118]) nach Rom
gekommen; „niemals hat der Fuß des Apoſtelfürſten die ewige
Stadt betreten.“ „Die römiſche Papſtſage iſt eine Papſtfabel.“[119])

Gleichwohl bedeutete dieſe „römiſche Fabel“ nichts Geringeres,
als die Erneuerung der Weltherrſchaft Roms auf länger als ein
Jahrtauſend hinaus, nur daß ſich dieſe Weltherrſchaft dieſes
Mal auf dem Gebiete des religiöſen Geiſtes vollzog. Der Ein=
fluß des geſchichtlichen Petrus auf die Geſchicke des Chriſtenthums
iſt verſchwindend klein geblieben, die Wirkungen des in der Le=
gende fortlebenden Apoſtelfürſten ſind von weltgeſchichtlicher Be=
deutung geworden. Die chriſtliche Welt von dem mächtigen
Zauberbanne zu befreien, welcher von dem in Rom umgehenden
Petrusgeiſte auf dieſelbe ausging, das war die Aufgabe der Re=
formation, und das iſt heute noch die Aufgabe des evangeliſchen
Proteſtantismus. Die Reformation iſt von der dunkeln ſagen=

haften Gestalt des Petrus zu dem im hellen Lichte der Geschichte stehenden Apostel Paulus und dessen Römerbrief zurückgekehrt. In diesem geistesmächtigen Schreiben an die römische Christenheit will der große Heidenapostel auch heute noch und heute wieder der evangelischen Christenheit die so vielfach vergessene und vernachlässigte Wahrheit zu Gemüthe führen, daß das Evangelium von Christus sowohl für Barbaren und Ungebildete, als auch für Hellenen und Gebildete da ist: für jene, um ihnen den Zugang zur religiös-sittlichen Bildung und damit zu einem wahrhaft menschenwürdigen Leben zu eröffnen; für diese, um ihrer allgemein menschlichen Bildung die religiöse Weihe und den sittlichen Charakter zu geben, und so Allen als rettende heiligende Gotteskraft zu dienen (Römer 1, 14. 16). Diese paulinische Wahrheit, ursprünglich vom Heidenapostel an die römische Christenheit gerichtet, wird schließlich — dies ist unsere innigste Ueberzeugung — die gesammte christliche Welt, römische und nichtrömische Christenheit, von allerlei falschem Zauber, auch vom petrinischen, frei machen und sie wieder auf den einfachen christlichen Standpunkt stellen, auf welchem stehend der glaubensinnige und geistesfreie Paulus vor den Römern das Bekenntniß ablegte: „Ich schäme mich des Evangeliums nicht!"

—

Fassen wir die geschichtlichen Ergebnisse unsrer Darstellung über „Die Anfänge des römischen Christenthums" nochmals in kurzen Sätzen übersichtlich zusammen.

1. Das Evangelium von Christus ist nicht sowohl auf dem mehr oder weniger zufälligen Wege des religiösen, politischen oder Handelsverkehrs von Palästina nach Italien, und überhaupt nicht nachweisbar vom Judenchristenthum zu Jerusalem her an die Judenschaft zu Rom gekommen.

2. Die christlichen „Römer"-Gemeinden in Italien — zu Rom, Puteoli, Neapel (?), Cumä, Forum Appii (?), Tres

Tabernä (?) — waren vielmehr ohne allen Zweifel **paulinischer** Stiftung, begründet seit 52 nach Chr. durch einen Missionsgehülfen des Apostels Paulus, wahrscheinlich durch **Titus**, den Verfasser der „Wir=Stücke" in der Apostelgeschichte, und bestanden demgemäß auch sogleich von vorne herein überwiegend aus **Heidenchristen** und, theilweise noch judaistisch gesinnten, **Proselytenchristen.** Deß' Beweis ist der im Jahre 58 verfaßte Römerbrief des Paulus, der Bericht des Tacitus über die Neronische Christenverfolgung und der Korintherbrief des römischen Clemens (seit 96 nach Chr.).[120]

3. Im Besondern finden wir die anfangs wenig zahlreiche Heidenchristengemeinde zu **Rom** seit der Ankunft des Apostels Paulus daselbst (61 n. Chr.) innerlich und äußerlich so erstarkt, daß sie selbst nach der Verfolgung durch den „Antichrist" Nero, in welcher auch Paulus umkam (64 n. Chr.), wieder rasch zur Blüthe gedieh und zur Zeit der domitianischen Quälereien auch reiche und vornehme Römer, sogar aus der Kaiserfamilie der Flavier, zu Mitgliedern gewonnen hatte.

4. Schon aber spricht der Brief des römischen Clemens das specifische, auf strenge kirchliche Ordnung und Unterordnung gerichtete, Römerbewußtsein aus und stellt den judenchristlichen Apostel Petrus neben den Heidenapostel Paulus; und bald setzt die pseudoclementinische Sage des ebionitischen Zeitalters (1. Hälfte des 2. Jahrhunderts) jenen diesem — in der Gestalt des Simon Magus — entgegen und an die Stelle des Letzteren, bringt auch ihn nach Rom und läßt ihn unter Nero den Kreuzestod sterben; während nachgerade die petropaulinische Sage (seit 2. Hälfte des 2. Jahrhunderts) beide Apostel wieder brüderlich vereint nach Rom kommen läßt, zu Begründern der apostolisch=katholischen Kirche Roms — mit Petrus als Bischof an deren Spitze — und zu römischen Märtyrern macht.

5. Beide Sagen, sowohl der ebionitische Petrusroman, als auch die katholische Peter= und Paulslegende, sind ungeschichtliche Dichtungen; doch liegt letzterer wenigstens die Thatsache zu Grunde, daß die altkatholische Kirche aus einer Ausgleichung der beiden

urchristlichen Hauptrichtungen, der petrinisch=judenchristlichen und der paulinisch=heidenchristlichen, erwachsen ist. Der geschichtliche Petrus ist aber weder vor, noch mit, noch nach Paulus zu Rom, und am wenigsten ist er Oberhaupt der römischen Christenheit gewesen.

Anmerkungen.

¹) Baur, über Zweck und Veranlassung des Römerbriefs, in der Tüb. Zeitschrift für Theologie 1836, III, S. 59 ff. (aufgenommen in: Paulus der Apostel Jesu Christi. Stuttgart 1845. S. 332 ff.; über Zweck und Gedankengang des Römerbriefs, in den Theol. Jahrbüchern 1857 S. 60 ff. 184 ff. (verwerthet in der 2. Auflage des „Paulus" I, 343 ff.). Holsten, der Gedankengang des Römerbriefs, in den Jahrbüchern für protestant. Theologie 1879 S. 95 ff. 314 ff. 680 ff.

²) Hilgenfeld, historisch-krit. Einleitung in das N. T. S. 305 f. Holtzmann in den Jahrbb. f. prot. Theologie II, 280.

³) Plutarch, Pompejus, c. 45. Tacitus, Hist. V, 9.

⁴) Acht an der Zahl. Caspari, Quellen zur Geschichte des Taufsymbols und der Glaubensregel III, 273. Vgl. insbesondere auch Schürer, die Gemeindeverfassung der Juden in Rom in der Kaiserzeit. Leipzig 1879. S. 15—19.

⁵) Philo, Legatio ad Caium §. 23.

⁶) Vgl. Clement. Recognitt. 1, 6 ff. Bertholdt, Historisch-krit. Einleitung in sämmtliche kanon. und apokr. Schriften des A. und N. T. VI, 3275.

⁷) Vgl. dagegen Wieseler in Herzogs Real-Encyklopädie für prot. Theol. und Kirche XX, 584. — Volkmar, in seiner Schrift „Paulus' Römerbrief" S. XII und 67, vermuthet sogar den Röm. 16, 7 gegrüßten Andronikus und Junias als die die römische Messiasgemeinschaft begründet habenden „Apostel." Siehe dagegen S. 10 und unten Nota 22.

⁸) Renan, Saint Paul p. 115 f. 113.

⁹) Von Dr. Meyer in seinem Commentar zum Römerbrief. 3. Auflage, S. 19.

¹⁰) Dio Cassius 60, 6. — Das Edict des Tiberius betreffend, s. Tacit. Ann. II, 85.

[11]) Sueton, Claudius cap. 25: Judaeos impulsore Chresto assidue tumultuantes Roma expulit.

[12]) Hitzig, Geschichte des Volkes Israel II, 591.

[13]) So ungefähr auch Mangold, der Römerbrief und die Anfänge der römischen Gemeinde S. 40.

[14]) So, ähnlich wenigstens auch K. Wieseler in Herzog's Real-Encyklopädie für prot. Theologie und Kirche XX, 590. — Für überwiegendes H e i d e n christenthum der römischen Gemeinden spricht auch die Ausdrucksweise Sueton's, welcher n i c h t sagt: Judaeos . . . inter se tumultuantes; dies wäre ein Tumultuiren der Juden, der Christusgläubigen und der ungläubigen Juden, u n t e r e i n a n d e r. Vgl. dazu das ἀντιλέγεται Act. 28, 22 im Munde der Vorsteher der römischen Judenschaft.

[15]) Seyerlen, Entstehung und erste Schicksale der Christengemeinde in Rom. S. 3: „Es war das erste Mal, daß er (Paulus) an eine nicht von ihm selbst gestiftete Gemeinde brieflich sich wandte."

[16]) Vgl. auch 1 Cor. 3, 10. 6. 4, 15, und die unpaulinischen Stellen Röm. 15, 20. 21. 1 Petr. 4, 15.

[17]) Vgl. Eichhorn, Einleitung in das N. T. III. §. 228, S. 208.

[18]) Hilgenfeld wenigstens zur Annahme „eines starken heidenchristlichen Zuwachses, zum Theil mit paulinischer Richtung." Siehe folgende Nota.

[19]) Schenkel's Bibellexikon V, 108. In anderer Richtung sagt Hilgenfeld in seiner Einleitung S. 309: „Wenn das paulinische Heidenchristenthum in der römischen Gemeinde selbst schon beträchtlich vertreten war, fällt auf den ganzen (Römer-) Brief ein anderes Licht." Und sehr richtig hat es schon Olshausen in s. Commentar zum Römerbrief S. 47 erkannt: „Gewannen frühzeitig — zur Zeit der Verfolgung des Claudius — paulinische Schüler bestimmenden Einfluß in Rom, so begreift sich auch, wie Paulus die römische Gemeinde als die seinige betrachten und den Briefwechsel mit ihr eröffnen konnte, ohne in ein fremdes Arbeitsfeld einzugreifen." Aehnlich haben eine Verkündigung des Evangeliums an die röm. Heiden durch Schüler des Apostels Paulus schon Eichhorn und Neander angenommen, und neuestens führt wiederum auch Godet, Commentaire sur l'épître aux Romains. Paris 1879. I, 87 f. die evang. Verkündigung auf Pauliner zurück.

[20]) Holtzmann, Judenthum und Christenthum S. 777.

[21]) Holtzmann, a. a. O. S. 778 f. Seyerlen, a. a. O. S. 23 ff. Nota 2.

[22]) Die Literatur hiefür s. bei Hilgenfeld a. a. O. S. 322, und bei Holtzmann in den Jahrbüchern für prot. Theologie II, 270. — Authentie der beiden letzten Kapp. des Römerbriefs betreffend, hat Hitzig in

seiner Weise als ächt paulinischen Epilog folgende Verse und Verstheile herausgehoben: C. 15, 15 *Τολμηρότερον ἔγραψα ὑμῖν ἀπὸ μέρους, ὡς ἐπαναμιμνήσκων ὑμᾶς* (18) *ὧν κατειργάσατο* [*Χριστὸς*] *δι' ἐμοῦ εἰς ὑπακοὴν ἐθνῶν, λόγῳ καὶ ἔργῳ,* (19) *ἐν δυνάμει σημείων καὶ τεράτων, ὥστε πεπληρῶσθαι ἀπὸ Ἱερουσαλὴμ μέχρι τοῦ Ἰλλυρικοῦ καὶ κύκλῳ τὸ εὐαγγέλιον τοῦ Χριστοῦ.* (23) *Νυνὶ δὲ μηκέτι τόπον ἔχων ἐν τοῖς κλίμασι τούτοις* (25) *πορεύομαι εἰς Ἱερουσαλὴμ.* Dann W. 26. 28. 30—32. C. 16, 21—24. Dagegen hält er C. 16, 1—15 für einen durch Phöbe überbrachten Ephserbrief des Apollo von Korinth aus, und alles Uebrige für Eigenthum des hellenistischen Judenchristen, welcher den Hebräerbrief — sei es zu Korinth oder zu Ephesus (vgl. Hebr. 13, 23 f.) — geschrieben und überhaupt den Römerbrief endgültig zu Ephesus redigirt hat.

[23]) Von H. Schultz, in den Jahrbüchern für Deutsche Theol. XXI, 105. 121 f.

[24]) Für heidenchristliche Mehrheit (und paulinische Richtung) der römischen Gemeinde haben sich entschieden Eichhorn, Neander, Tholuck, Winer, Wieseler, Fritzsche, Philippi, Hofmann, Baumgarten=Crusius, Olshausen, Meyer, De Wette, Kling (Stud. und Krit. 1837, S. 320 ff.), Ewald, Bleek, Schott, J. P. Lange, Godet; Weizsäcker, H. Schultz u. Caspari (Quellen zur Gesch. des Taufsymbols III, 267 ff.: der Mehrzahl nach Heidenchristen, im Uebrigen Juden= und Proselytenchristen), Harnack, Schürer, Neubaur; Hitzig (Heiden= und zum Theil Proselytenchristen); Beyschlag (Stud. und Kritiken 1867 S. 627 ff. und in Riehm's Handwörterbuch des bibl. Alterthums S. 1153: Juden= und Proselytenchristen petrinischer Richtung, seit 53 n. Chr. [so schon Hug] blos nationalrömische Proselytenchristen mit judenchristlicher Denkart); Weizsäcker (ebenso, nur seit 53 heidenchristliche Mehrheit und judenchristliche Minderheit; dagegen schon der Ambrosiaster: nationalrömische Heidenchristen, von röm. Judenchristen bekehrt und daher judaistisch gesinnt); Zeller (Apostelgeschichte S. 294: die Masse besteht aus Heidenchristen, aber eine starke judenchristliche Opposition gegen Paulus ist vorhanden). Dagegen ist Hilgenfeld, welcher einst (das Urchristenthum, Jena 1855 S. 61) gleichfalls für heidenchristliche Mehrheit der römischen Gemeinde, in der nur eine judenchristliche Gesinnung verbreitet gewesen, sich entschieden, (in s. Zeitschrift 1866, S. 355 ff.) Judenchristen und Heidenchristen in Rom sich das Gleichgewicht halten gesehen hatte, jetzt (Historisch=krit. Einleitung in das N. T., Leipzig 1875 S. 305 f. 309) von einem Uebergewichte des judenchristlich=essenischen Stammes überzeugt und kann nur einen starken heiden=

christlichen Zuwachs, zum Theil mit paulinischer Richtung, nicht verkennen.

²⁵) Anders Weizsäcker in den Jahrbüchern für Deutsche Theol. XXI, 265 f.

²⁶) Ewald, die Sendschreiben des Ap. Paulus. Göttingen 1857, S. 315: „Eine christliche Gemeinde hatte sich damals (zur Zeit des Briefs) längst (?) in Rom gesammelt. Dieses folgt aus der ganzen Haltung der Worte unsers Sendschreibens, aber auch im Besondern aus der kurz hingeworfenen Andeutung 13, 11."

²⁷) Dies gegen J. E. Chr. Schmidt's und Bleek's (Einleitung in's N. T. S. 412) Vermuthung, die röm. Christen hätten sich damals wahrscheinlich noch nicht förmlich zu einer Gemeinde constituirt.

Von einer Uebertragung übrigens der jüdischen Synagogalverfassung auf den Boden der römischen Christenheit findet sich im Römerbrief ebenso wenig eine Spur, als in der heidenchristlichen Gemeinde zu Korinth. Vgl. Heinrici in Hilgenfeld's Zeitschrift XIX, 465 ff. 470 ff. 517 ff. 523 Nota 526: „Eine ähnliche Verwandtschaft, wie wir sie zwischen der korinthischen Gemeinde und den religiösen Genossenschaften auf Grund noch unausgenützten epigraphischen Material's nachzuweisen uns bemüht haben, ist (auch) für die römische Gemeinde bereits durch die bahnbrechenden Forschungen de Rossi's, die in seiner Roma sotteranea niedergelegt sind, zur Gewißheit erhoben. Nach dem Vorbilde der römischen Funeralcollegien, welche zum großen Theile zugleich Cultvereine waren, hat die römische Gemeinde sich gesammelt und geordnet. Die Katakomben liefern dafür die überzeugendsten Beweise." Vgl. X. Straus, die röm. Katakomben. Freiburg 1873 S. 52 ff. Auch dieses spricht gegen den judenchristlichen Ursprung und Charakter der römischen Christenheit. Und dazu kommt noch die bemerkenswerthe Thatsache, daß überhaupt nirgends in den ächt paulinischen Briefen (auch 1 Kor. 12, 28 nicht) πρεσβύτεροι oder ἐπίσκοποι erwähnt werden. Phil. 1, 1 spricht nicht dagegen, sondern beweist nur mit die Unächtheit des Briefes. „Nur von den paläſtinenſiſchen Judenchriſten verſichert Epiphanius (Haer. 30, 18), daß ſie πρεσβυτέρους καὶ ἀρχισυναγώγους hatten"; ſ. Schürer in ſ. Theol. Literaturzeitung 1879, col. 544 ff., wo auch dieser Gelehrte das Bild der ältesten (Heiden=!) christlichen Gemeindeorganisation von dem der jüdischen so durchgängig verschieden findet, daß man von einer bestimmten Anlehnung der einen an die andre nicht reden könne. Aber ebenso wenig will Schürer eine Anlehnung jener an die Verfassung der heidnischen Cultvereine gelten lassen, sondern vindicirt der (heiden=) christlichen Gemeinde vielmehr ihre eigene, selbständig aus ihren eigenen Bedürfnissen heraus allmählig erwachsene Organisation. Vgl. jedoch Holtzmann, die Pastoralbriefe S. 194—204.

²⁸) Οἱ ἀδελφοί; vgl. dagegen V. 14 ἀδελφούς ohne Artikel.
²⁹) „Die römischen Brüder, welche dem Paulus entgegenkamen, sind offenbar Heidenchristen." Hilgenfeld, Einleitung S. 304.
³⁰) So urtheilt auch Renan, Saint Paul p. 483; und früher auch Olshausen zu Act. 28, 17 ff., anders später in seinem Commentar zum Römerbrief S. 43. Anders hinwiederum auch Renan, L'Antechrist p. 7.
³¹) Der Codex Boernerianus aus dem 9. oder 10. Jahrhundert.
³²) Hitzig, zur Kritik paulinischer Briefe S. 27.
³³) Vgl. Renan, St. Paul p. 558. Il s'y (sc. à Pouzzoles) était formé, en même temps qu' à Rome, une petite société chrétienne.
³⁴) Petronius, Satyr. 141, 44. Vgl. V. Schultze, die Katakomben von San Gennaro dei Poveri in Neapel. Jena 1877 S. 1 f. 54 f. 63 f. 75—77; aber auch Mommsen im „Hermes" 1878, S. 115, und Bursian im Literar. Centralblatt 1878, S. 93. Sicher begegnen uns Christen zu Cumä wenigstens schon zur Zeit des „Hirten" des Hermas (Vis. II, 1). — Die von Kießling u. A. auf Grund einer falsch gelesenen Kohleninschrift im Atrium einer Caupona zu Pompeji behauptete Existenz einer Christengemeinde auch in dieser Stadt hat sich bis jetzt nicht nachweisen lassen; s. V. Schultze in Brieger's Zeitschrift für Kirchengeschichte IV, 125 ff.

Etwas anders stellt Holtzmann in Bunsen's Bibelwerk VIII, 447 sich den Sachverhalt vor, wenn er sagt: „Jedenfalls war Rom in derselben Weise Mittelpunkt einer auch über die Umgegend zerstreuten Christenheit, wie wir Aehnliches von Korinth wissen (1. Cor. 1, 2). So ist auch der (viel spätere!) Brief des Ignatius an „„die Gemeinde, die zuoberst sitzt am Orte des Landes der Römer"" gerichtet, und die Mitbestimmung unsers Briefs auch für Christen, die etwa in Forum Appii oder Tres=Tabernä" (Act. 28, 15), ja selbst in dem noch entfernteren Puteoli (Act. 28, 14) wohnten, ist sicherlich irgendwie als Ursache jener räthselhaften Erscheinung in Bezug auf die Adresse (Röm. 1, 7. 15) zu denken." Und ähnlich spricht auch Hausrath, Neutest. Zeitgeschichte II, 363, von einer Mehrzahl italischer Gemeinden, deren Vorort die zu Rom gewesen sei und Einfluß bei denselben besessen habe, „sonst hätte sich Paulus die Mühe des Römerbriefs nicht genommen." — Schon L. J. Rückert vermuthete, der Römerbrief sei in andern Abschriften — ohne die Ortsangabe C. 1, 7. 15 — zugleich auch an andere Gemeinden geschickt worden. Und in neuester Zeit ist auch E. Renan a. a. O. p. XXI f. LXXII—LXXV. 461 f. in seiner Weise von zum Theil unhaltbaren Voraussetzungen aus zu derselben Ansicht vom Römerbrief als einer „épitre encyclique" gekommen.

³⁵) Was ich, trotz des ersten Clemens=Briefs (C. 36), ja gerade wegen dieses Briefes (s. S. 32 ff.), noch lange nicht glauben kann.

³⁶) Vgl. dagegen das Anathema wider den galatischen Judaismus, Gal. 1, 6—8.

³⁷) Renan, Saint Paul p. 484: „Rom. 1, 10 et suiv., 15. 22 et suiv. montrent que l'apôtre supposait l'Eglise de Rome en pleine conformité de principes avec lui. Vgl. auch Hofmann, die hl. Schrift Neuen Testaments III, 625 f.

³⁸) Vielleicht auch schon früher, wie Bleek, Einleitung in's N. T. S. 330 auf Grund der Ausdrucksweise Act. 16, 10 vermuthet — vielleicht schon von Antiochien aus. Sollte etwa auf diesem Sachverhalt die Vermuthung des Eusebius, Kirchengesch. III, 4, 6 fußen, Lukas stamme aus Antiochien? Vgl. auch De Wette=Overbeck, Apostelgeschichte S. XLV. und 256. Vgl. Nota 47).

³⁹) Also auf der 2. Missionsreise weder Timotheus (so Schleiermacher, Mayerhoff, De Wette, Bleek in d theol. Stud. und Krit. 1836 S. 1026 f. und in s. Einl. in b. N. T. S. 331 f., Ulrich in b. Stud. u. Krit. 1837 S. 369 ff. 1840 S. 1003 ff., Beyschlag in Riehm's Handwörterbuch des bibl. Alterthums S. 927.) noch auch Silas (Schwanbeck, Hennell), welcher seit Act. 18, 5 aus der Apostelgeschichte verschwindet und den Paulus sicher nicht mehr auf der 3. Reise begleitet hat. Auf dieser 3. Reise aber auch nicht die Macedonier Gajus und Aristarch (Act. 19, 29. 27, 2) noch Erast (C. 19, 22; vgl. 2 Tim. 4, 20), noch überhaupt die Act. 20, 4 Genannten, welche daselbst gerade von den „Wir" unterschieden werden. Ebenso fallen Barnabas und Johannes Markus bei Seite; jener hatte sich schon vor Beginn der 2. Missionsreise für immer von Paulus getrennt (Act. 15, 37—39), und Joh. Markus war wenigstens nicht bei dieser 2. Reise, von welcher doch ein Wir=Stück erzählt.

⁴⁰) Dies ist die herkömmliche kirchliche Ansicht seit Irenäus (adversus haeres. III, 14, §. 1. 2); Winer, Credner, Krauß, Schneckenburger, Kirchhofer, Olshausen, Baur, Zeller, Reuß, Holtzmann, Hausrath, Mangold, Renan, Klostermann, Ziegler in der Protestantenbibel.

⁴¹) Hitzig, Einleitung zum Römerbrief; Horst, Essai sur les sources de la deuxième partie des Actes des Apôtres. Straßburg 1849; Krenkel, Paulus der Apostel der Heiden. Leipzig 1869, S. 214 f.

⁴²) So urtheilt auch Bleek, Einl. in's N. T. S. 329 f., und De Wette, Lehrbuch b. historisch=krit. Einl. in b. kanon. Bücher des N. T. 6. Ausgabe. §. 114 Nota d): „Da er (Lukas) erst in den römischen Briefen (Pauli) erscheint, so ist er wahrscheinlich erst in Rom zum Apostel gekommen."

⁴³) Irenäus, adversus haeres. III, 1. 14. 15.

⁴⁴) Vgl. De Wette, a. a. O. §. 114: „Jene augenzeuglichen Berichte (der Wir=Quelle) eignen sich nicht für Lukas als den Verfasser des ganzen Werkes (der Apostelgeschichte)"; Overbeck, Apostelgeschichte

S. XXXIX f., und Hilgenfeld, Einleitung in d. N. T. S. 608, welch' Letzterer nur mit den Tübingern gerade umgekehrt folgert: „Ist nach aller Wahrscheinlichkeit Lukas der Verfasser dieser Schrift — der Wir-Stücke —, so kann der Verfasser des Ganzen (der Apostelgeschichte) nicht Lukas selbst gewesen sein."

⁴⁵) Es müßte denn, den paulinischen Ursprung von 2 Tim. 4, 20 vorausgesetzt, an Stelle des „Trophimus aus Ephesus Act. 21, 29 der Name Titus gestanden haben (Vermuthung Hitzig's).

⁴⁶) Daher „Christiani" Act. 11, 26. Gegen Lipsius, über den Ursprung und den ältesten Gebrauch des Christennamens S. 11. 13. 16. 19, vgl. Hitzig in Hilgenfeld's Zeitschrift f. wiss. Theol. III, 259 u. s. unten Note ⁸²).

⁴⁷) Vielleicht aus Antiochien gebürtig, wie Hofmann a. a. O. VI, 4 f. nach Gal. 2, 1 annimmt. Vgl. oben Nota 38).

⁴⁸) Nikopolis, Actium gegenüber und zu Achaja gehörig; Tacit., Ann. II, 53.

⁴⁹) Dio Cass. LI, 4. Plinius, Hist. natur. IV, 18. Act. 16, 12.

⁵⁰) Etwa über Dalmatien, wohin Titus auch später, im Jahre 63, von Rom aus und dem dort gefangenen Paulus her noch einmal zog; 2. Tim. 4, 10.

⁵¹) Auch Dr. Paulus ließ in s. Programma de originibus epistolae Pauli ad Romanos, Jenae 1801, und in „des Apostels Paulus Lehrbriefe an die Galater- und Römerchristen", Heidelberg 1831, S. 342, den Römerbrief auf Grund von C. 15, 19 schon vor des Apostels Ankunft zu Korinth in einer Stadt Illyriens verfaßt sein.

⁵²) Weizsäcker, in den Jahrbüchern für Deutsche Theol. XXI, 248 ff. Vgl. vorher schon Beyschlag, in d. theol. Stud. u. Krit. 1867, S. 640.

⁵³) Ein ausführlicher, wissenschaftlich erschöpfender Beweis dafür kann natürlich hier nicht geführt werden. Ich muß mich beschränken, nur auf einiges Wenige hinzudeuten.

⁵⁴) Daß bei Paulus unter diesen „Völkern" (ἔθνη) immer Heiden zu verstehen sind, kann nicht angezweifelt werden; vgl. Gal. 1, 16. 2, 2. 7. 8; u. s. Hilgenfeld, Einleitung S. 310: „Paulus rechnet (!) zu den ihm als Apostel zugewiesenen Heiden auch die röm. Christen, wie wenn er an eine rein heidenchristliche Gemeinde schriebe" (warum nicht einfach sagen: weil er . . . . . schreibt?).

⁵⁵) Und doch sollen diese Verse nur „den Schein (!) erwecken, als ob die röm. Gemeinde als eine heidenchristliche bezeichnet werde"? Mangold, der Römerbrief S. 75. Warum denn aber nur einen Schein, d. h. einen falschen Schein?

⁵⁶) Allerdings bei einer besondern Species von Heidenchristen, nämlich Proselytenchristen; s. S. 23. 24.
⁵⁷) Wie angesichts von Stellen wie Röm. 6, 17 ff. 1, 5 ff. Hilgenfeld in s. Einleitung S. 311 behaupten kann: „Ueberall hat Paulus judenchristliche Leser vor Augen, bis er sich C. 11, 13 ausdrücklich an die Heidenchristen wendet" — ist unbegreiflich.
⁵⁸) Und ist denn πρῶτον an dieser Stelle wirklich ächt?
⁵⁹) Ovid., Amores III, 4, 17.
⁶⁰) Wie Cap. 1, 18 auch die Heiden einfach als ἄνθρωποι bezeichnet wurden. Vgl. Mangold a. a. O. S. 102.
⁶¹) Vgl. schon Eichhorn, Einleit. in das N. T. III, §. 228, S. 207 §. 230, S. 217. Rückert, Commentar über den Römerbrief S. 690. De Wette, kurze Erklärung des Briefes an die Römer. Leipzig 1835, S. 2: „Diese Lehre von dem allein seligmachenden Glauben trägt der Apostel nicht, wie im Brief an die Gal., im Gegensatze gegen judenchristliche Irrungen, sondern blos im Gegensatze gegen das Judenthum vor. Hofmann a. a. O. III, 623: „der Jude, den der Apostel Röm. 2, 17 anredet, ist ebenso wenig ein Glied der Gemeinde, als der Heide, den er 2, 1 anredet; dort meint die Anrede den jüdischen, hier den heidnischen Nichtchristen". So auch Olshausen in s. Römerbrief S. 49. — Die Erörterung ergeht über die Juden, aber nicht an die Juden (=christen; gegen Hilgenfeld, Einl. S. 308), sondern vielmehr an Proselytenchristen, welche vom Heidenthum her über das Judenthum zum Christenglauben gekommen waren; s. S. 23. 24.
⁶²) Weizsäcker a. a. O. S. 259.
⁶³) Vgl. 1 Cor. 15, 1—4. 54. Gal. 3, 8. 22. 4, 30. 1 Cor. 14, 21 u. a. Weizsäcker a. a. O. XXI, 493 ff.
⁶⁴) So De Wette, Hitzig, Beyschlag. Die Proselyten waren natürlich für die messianische Botschaft am empfänglichsten, und sie werden daher in gemischten Gemeinden meistens den Grundstock des heidenchristlichen Theils gebildet haben. Hausrath, Neutest. Zeitgeschichte II, 348 ff. Otto Pfleiderer, der Paulinismus S. 504.
⁶⁵) Josephus, Antt. XVIII, 3, 5.
⁶⁵ᵃ) Schürer, Gemeindeverfassung der Juden in Rom S. 35. Nr. 11.
⁶⁶) Josephus, Vita 3; Antt. XX, 8, 11: θεοσεβής. Tacit., Ann. XVI, 6.
⁶⁷) Tacit., Ann. XIII, 32. Vgl. X. Kraus, Roma sotteranea S. 44. 125 ff. 183. Marquart, Röm. Staatsverwaltung III, 81. Friedländer, Sittengeschichte III, 515 f. I, 490. Brockhaus in d. Theol. Ltrtg. 1876, col. 290. Hausrath, a. a. O. II, 122 ff. III, 78 ff. Caspari, Quellen zur Geschichte des Taufsymbols III, 274 ff. Daß der Stoiker Seneca, der Lehrer Nero's, kein Christ war, ist eine endgültig

entschiedene Sache; f. Neubaur, Beiträge zur Geschichte der röm. Christen=
gemeinde in den beiden ersten Jahrhunderten S. 16 f.

⁶⁸) Für das Vorhandensein einiger weniger Judenchristen läßt sich
etwa die Ausdrucksweise Röm. 9, 24. 11, 5. 7. 14. 16. 17. 25 geltend
machen.

⁶⁹) Der erste Theil (C. 1—8 handelt von der gleichen Bedürftigkeit
und Fähigkeit der Juden und der Heiden, durch das Evangelium ge=
rettet zu werden; und der zweite Theil C. 9—11 motivirt die geschicht=
lich vorliegende Thatsache der einstweiligen Ausschließung der Ersteren
vom Heile Gottes um der Letzteren willen.

⁷⁰) Siehe oben S. 19.

⁷¹) Dieses Proselytenchristenthum wäre also jenes „allermildeste
und der Verständigung mit Paulus vollkommen fähige Judenchristen=
thum der Römer" bei Baur, wie es jedoch merkwürdigerweise sonst
nirgends in der apostolischen Zeit zu finden wäre.

⁷²) Vgl. Seneca, epist. 108. Joseph. contra Apion. I, 22. So
Eichhorn a. a. O. III, 222; Olshausen, in f. Römerbrief S. 421.

⁷³) So Semler, Koppe, Ritschl, Reuß, Ewald, Hilgenfeld, Holtz=
mann.

⁷⁴) Gegen Beyschlag f. Weizsäcker a. a. O. S. 261 f.

⁷⁵) Holtzmann, Judenthum und Christenthum S. 804: „die Schwa=
chen erscheinen im Römerbrief als eine kleine Fraktion, nicht als eine
abgesonderte Partei." Und Heinrici hält auch die „Schwachen" in der
Gemeinde zu Korinth für Heidenchristen mit „noch unüberwundenen
Resten ethnischer Gesinnung"; Hilgenfeld's Zeitschrift XIX, 473.

⁷⁶) Baur, Paulus der Apostel Jesu Christi 2. Aufl. I, 384 ff. 381 ff.

⁷⁷) Vgl. auch Baur, das Christenthum und die christliche Kirche
der drei ersten Jahrhunderte, 2. Aufl. S. 68 f.

⁷⁸) Die Natur des Gegenstandes und der Mangel anderweitiger
historischer Zeugnisse bringt es mit sich, daß unsre Darstellung von nun
an sich in der Hauptsache auf die Christengemeinde in der Stadt
Rom concentriren muß.

⁷⁸) Ob nur theilweise?

⁷⁹) Weizsäcker a. a. O. S. 275—278.

⁸⁰) Tacitus, Ann. XII, 42. 69. XIII, 23. XIV, 7. 15. 51. Joseph
Antt. XX, 8, 9.

⁸¹) Tacitus in einer von Sulpicius Severus erhaltenen Stelle:
Has superstitiones, licet contrarias sibi, iisdem tamen auctoribus
profectas; christianos ex Judaeis exstitisse. Vgl. Bernays, über die
Chronik des Sulpicius Severus. Berlin 1861 S. 57.

⁸²) Sueton. Nero 16. Tacitus, Ann. XV, 44. Gegen
Lipsius, über den Ursprung und den ältesten Gebrauch des Christen=

namens S. 17 f. hat Keim, Aus dem Urchristenthum I, 181, die Nachricht der Apostelgeschichte (S. 11, 26 mit Recht in Schutz genommen. Vgl. auch unten Nota 90).

⁸²ᵃ) H. Schiller, Nero S. 430 ff., hält die Anklage der Brandlegung gegen Nero, von deren Wahrheit Plinius und Sueton überzeugt sind, für Verläumdung. Dagegen hält auch Nissen, in b. histor. Zeitschrift 1874 S. 345, dieselbe aufrecht.

⁸³) Multitudo ingens, haud proinde in crimine incendii quam odio humani generis convicti sunt. Vgl. dazu Weizsäcker a. a. O. S. 267 ff. Die Christen redeten ja auch vom nahen Brande des ganzen Erdkreises; Minuc. Fel. Octav. 11, 1.

⁸⁴) Vgl. das Zugeständniß bei Mangold a. a. O. S. 149 f.; Seyerlen, a. a. O. S. 42 f.

⁸⁵) Vgl. dafür Euseb's Kirchengeschichte II, 25, 5 ff. Tertull. de praescr. 36. Scorp. 15.

⁸⁶) Das Muratori'sche Fragment Z. 38. 39; Euseb, a. a. O. II, 22, 2 ff. 25, 7. 8. Vgl. Hilgenfeld, Einleitung S. 350 f.

⁸⁶ᵃ) Eine zweite röm. Gefangenschaft des Apostels Paulus wird heutzutage gewöhnlich nur noch in apologetischem Interesse, zu Gunsten der Aechtheit der Pastoralbriefe behauptet; s. Holtzmann, die Pastoralbriefe S. 37 ff.

⁸⁷) Vgl. Hausrath in Schenkel's Bibellex. I, 155 ff.

⁸⁸) Holtzmann in Gelzer's protestantischen Monatsblättern 1865 S. 143. Hausrath, Neutest. Zeitgeschichte III, 107 f.

⁸⁹) Epistola ad Diognet. 5; vgl. Phil. 3, 20. Col. 3, 1. 2. Tertull., Apologet. c. 1.

⁹⁰) Sueton, Domit. 12: qui inprofessi Judaicam fidem similem viverent vitam.

⁹¹) Portio Neronis de crudelitate: Tertull., Apologet. c. 5.

⁹²) Vorausgesetzt, daß diese nicht die sagenhafte Doppelgängerin jener ist. Vgl. Volkmar in Baur's und Zeller's theol. Jahrbüchern 1856 S. 304 f.; und Mommsen „Im neuen Reich" 1871, I, 121 und Inscriptiones urbis Romae I, 1876, p. 172.

⁹³) Suet., Domit. c. 15. Euseb., Kirchengesch. III, 18. Hieron. Epist. 88. Dio Cass., Hist. LXVII, 13: ὑφ' ἧς (sc. ἀθεότητος) καὶ ἄλλοι ἐς τὰ τῶν Ἰουδαίων ἤθη ἐξοκέλλοντες πολλοὶ κατεδικάσθησαν.

⁹³ᵃ) Denn jüdische Proselyten sind vor Hadrian nicht bestraft worden; Hausrath, a. a. O. IV. (2. Aufl.) S. 99.

⁹⁴) Vgl. Phil. 4, 22. Volkmar a. a. O. S. 314 Nota 2. Rossi, Roma sotterana I, 131; Bulletino di Archeol. crist. 1875, I, 37. II, 69, Beulé, Les chrétens de la famille Flavia, im Journal des

Savants 1870, p. 19 sqq. Hausrath, a. a. O. III, 296 ff. Caspari, a. a. O. III, 280 ff. Aber auch Schultze in Brieger's Zeitschr. für Kirchengesch. III, 472 ff. u. Neubaur a. a. O. S. 18 f. 37.

[95]) Eused, Kirchengesch. III, 38.

[96]) Vgl. Eused a. a. O. III, 18 mit 15 und 16; und f. Funk in der Tübinger Theol. Quartalschrift 1879 S. 531 ff., wo auch die bisherige Literatur über diese, jedenfalls verneinend zu beantwortende Streitfrage berücksichtigt ist. Ebenso Neubaur, a. a. O. S. 19.

[97]) Näheres bei Mangold a. a. O. S. 168—183; auch Hilgenfeld, die apostol. Väter S. 85 ff.

[98]) Vgl. näher Mangold a. a. O. S. 174. 178 ff. Otto Pfleiderer, der Paulinismus S. 405 ff.

[99]) Κλήμεντος ἐπισκόπου Ῥώμης αἱ δύο πρὸς Κορινθίους ἐπιστολαί, ἐκδ. ὑπὸ Φιλοθέου Βρυεννίου. Ἐν Κωνσταντινουπόλει 1875. Recensirt von Ab. Harnack in Schürer's Theol. Literaturzeitung 1876, Nr. 4.

[100]) Vgl. Hermae Pastor, L. I., Vis. 2, 4: „Clemens wird es (das eine Buch) an die auswärtigen Gemeinden schicken, denn ihm kommt es zu."

[101]) Vgl. Harnack in Schürer's Theol. Literaturzeitung 1876, col. 102 f.

[102]) Vgl. dagegen 1 Cor. 12, 28, und f. Mangold a. a. O. S. 173; Hilgenfeld, die apostol. Väter S. 89 ff. Doch kennt der Clemensbrief auch noch die Idee des allgemeinen Priesterthums; in C. 41, 1 wird jedem einzelnen Christen eine λειτουργία, ein priesterlicher Charakter, zugeschrieben.

[103]) Vgl. auch Holtzmann, Judenthum und Christenthum S. 806.

[104]) Volkmar in Baur's und Zeller's theol. Jahrbüchern 1856, S. 310—312. Ebenso Schwegler und Hitzig.

[105]) „Wir haben in dieser, von den Clementinen eingeleiteten Weiterführung der Geschichte des Petrus nichts Geringeres vor uns als einen Handstreich zur Eroberung der römischen Gemeinde für den Ebionitismus," sagt Holtzmann. Dürfte aber nicht auch umgekehrt daraus, daß Petrus als der wahre Heidenapostel zum Begründer der röm. Kirche erhoben wird, auf ursprüngliches Heidenchristenthum der Römer geschlossen werden?

[106]) Auf diesem Wege bildete sich die Sage von einem römischen Aufenthalte des Apostels Petrus. — Dafür und für das Folgende vgl. Baur, Paulus. 2. Aufl. I, 246 ff.; Holtzmann, Judenthum und Christenthum S. 582 ff. 796 ff., und in Schenkel's Bibellex. IV, 490; sowie Hausrath, Neutest. Zeitgesch. III, 326—346. 420 ff.

[107]) In den Ignatianischen Briefen (ad Roman. c. 4, 3; ad Trallian.

c. 5; ad Antioch. c. 7) und bei Dionysius von Korinth in Euseb's Kirchengeschichte II, 25, 8; vgl. auch den Kanon Muratori Z. 37; Iren. advers. haeres. III, 3, 2. 3, und s. Holtzmann in Schenkel's Bibellex. IV, 489 f. 491 f.

[108]) Liber pontificalis; Catalog. Felic.; Clement. Recognitt. X, 71. Euseb, Kirchengeschichte III, 36, 2. — Nach der „Predigt des Petrus" sollen vielmehr alle Apostel nach Christi Leiden noch 12 Jahre lang (von 29—41) in Jerusalem verweilt haben und dann erst in die ihnen zugewiesenen Heidenländer gereist sein.

[109]) Eusebius, Hieronymus; vgl. Seyerlen a. a. O. S. 3 ff. Neubaur a. a. O. S. 5 f.

[110]) „Noch der um 142 verfaßte Hirte des Hermas klagt über die Streitigkeiten im römischen Klerus $περὶ πρωτείας$ und nimmt offenbar **gegen** die $πρωτοκαθεδρῖται$ für die ursprüngliche Gleichheit der Presbyter Partei"; vgl. Vis. III, 5 ff. VI, 9. Sim. VIII, 7. IX, 31, und s. die Abhandlung von Lipsius in Hilgenfeld's Zeitschrift 1866, S. 80 f.

[111]) Vgl. noch Hieronymus ad Tit. 1, 7; Epist. 82 ad Oceanum; Epist. 101 ad Evangelium.

[111a]) Der Römerbrief macht also die ohnehin in die Luft gebaute Hypothese von H. W. J. Thiersch, die Kirche im apost. Zeitalter S. 96 f., zu Schanden, welcher laut Act. 12, 17 und „gemäß der völlig glaubwürdigen Nachricht der Kirchenväter" den Petrus unter Claudius von Jerusalem weg „an einen andern Ort," nämlich nach Rom sich begeben und die dortige Kirche aufbauen läßt, mithin ein zweimaliges Wirken Petri zu Rom, zuerst unter Claudius, dann unter Nero, statuirt, welches nachgerade in dem falschen Lichte eines 25 Jahre währenden Episkopats dargestellt worden wäre. Aehnlich schon der ultramontane Windischmann in seinen Vindiciae Petrinae. Regensburg 1836.

[112]) Wo k e i n Ort genannt wird. Vgl. Holtzmann in Schenkel's Bibellex. IV, 489.

[113]) Vgl. Baur, Paulus. 1. Aufl. S. 671 ff. 2. Aufl. II, 316 ff. Lipsius in den Jahrbüchern für prot. Theol. II, 561 ff. Holtzmann a. a. O. IV, 492 f.

[114]) S. dazu Mangold a. a. O. S. 157, doch vgl. auch Lipsius, Chronologie der röm. Bischöfe S. 166.

[114a]) Dressel hat (1872) versucht, Alexandria als Begräbnißstätte des Petrus zu erweisen; s. jedoch Joh. Schmid, Petrus in Rom S. 16 f.

[115]) Offenbar auf Mißverständniß des griechischen Ausdrucks $ἄνωθεν σταυρωθῆναι$ (Acta Petri et Pauli cap. 81. 82; Hilgenfeld, Novum Testamentum extra canonem receptum IV, 72) oder $ἀνεσκολοπίσθη κατὰ κεφαλῆς$, Origenes bei Euseb, Kirchengesch. III,

1, 2, was Rufin in seiner Uebersetzung dahin deutete: *Crucifixus est deorsum, capite demerso*, quod ipse ita fieri deprecatus est, ne exaequari Domino videretur. Dagegen früher Tertull. adv. Marc. 4, 5: Petrus passioni dominicae adaequatur.

[116]) Schon unter Claudius, oder gar schon unter Tiberius; Pseudo-clementinische Recognitionen und Homilien.

[117]) Dionysius von Corinth.

[118]) Hilgenfeld, Renan, Mangold, Seyerlen.

[119]) Auf die gehässigen Angriffe, welche eine unfähige römische Kaplanspresse sogleich dem mündlichen Vortrage angedeihen ließ, haben wir nur mit Wagenmann zu erwiedern: „Es wäre endlich an der Zeit, daß die protestantische Kirchengeschichtschreibung den ganzen Petrinischen Roman sammt allen übrigen Papstfabeln den römischen Infallibilisten und Geschichtsfälschern überließe"; Jahrbücher für deutsche Theologie XV, 411. Selbst der Infallibilist Bouix hielt es für gerathen, in seinem dreibändigen Werke „de Papa" (1869) die Leugnung der Anwesenheit Petri in Rom und seines Martyriums daselbst nicht für häretisch zu erklären, da dies Thatsachen seien, welche nicht zum Glauben gehören; nur müsse man glauben, daß Petrus Bischof von Rom gewesen sei, was immer möglich sei (warum auch nicht?!), auch wenn er irgendwo anders gelebt habe und gestorben sei. Vgl. Friedrich, zur ältesten Geschichte des Primats, S. 205.

[120]) Aus vorstehenden Sätzen ergibt sich deutlich unsre Stellung zu den in neuester Zeit über Ursprung und Charakter des röm. Christenthums aufgestellten Hypothesen:

Gegenüber der Tübinger (Baur's) Annahme eines **judenchristlichen Ursprungs und Charakters** der römischen Gemeinde behauptete Weizsäcker (mit Beyschlag) nur jüdischen Ursprung durch juden- und proselytenchristliche Stiftung, dagegen seit 53 n. Chr. **heidenchristliche Mehrheit** (gegen Beyschlag) und judenchristliche Minderheit derselben, während **wir** auch eine, wenigstens mittelbare, **paulinische Stiftung „römischer" Christengemeinden in Italien** geltend machen, welche sogleich von Anfang an aus Heiden und jüdischen Proselyten, Letztere zum Theil mit judaistischer Denkweise, durch einen Schüler des Paulus gesammelt und für das paulinische Christenthum gewonnen wurden.

Verlag von H. Reuther in Karlsruhe.

Laurier, J. W., Die geschichtliche Nothwendigkeit des Christenthums. Ein Vortrag für Gebildete, gr. 8°. M. 1. 20

Rohde, J., Dr., Sinneswahrnehmungen und Sinnestäuschungen. Vortrag. gr. 8°. M. 1. —

Schultz, H., Dr. Prof. Die Stellung des christlichen Glaubens zur heiligen Schrift. Zwei apologetische Vorträge. 2. erweiterte und mit Anmerkungen versehene Auflage. gr. 8°. M 1. 50

Calvini, Joh., in Novi Testamenti epistolas Commentarii, ad editionem Amstelodamensem accuratissime exscribi curavit A. Tholuck. 8°. Ed. quarta. 4 Bände. M. 13. 50

— — Epistolae Pauli ad Romanos et Corinthios. Ed. quarta. 2 Bände. M. 5. —

Kinder- und Katechismus-Predigten. Erbauliche Auslegung des christlichen Glaubens nach der Ordnung des Luther. Katechismus. Im Jahre 1540 auf Befehl des Churfürsten Joachim II. von Brandenburg verfaßt, cart. M. 1. —

Rutherford, Sam. Geistliche Trostbriefe, nebst kurzem Abriß seines Lebens. Aus dem Englischen. Mit empfehlendem Vorwort von Dr. theol. Rud. Kögel. 2. Auflage. M. 3. — eleg. geb. M. 3. 60.

Weiss, H., Dr., Die grossen Kappadocier Basilius, Gregor von Nazianz und Gregor von Nissa als Exegeten. Ein Beitrag zur Geschichte der Exegese. M. 1. 80

Petermann, J. H., Porta linguarum orientalium, sive Elementa linguarum hebraicae, samaritanae, chaldaicae, arabicae, syriacae, armeniacae, persicae etc., studiis academicis accommodata.

Pars I.	Lingua hebraica Ed. II.	M. 2. 50
„ II.	„ chaldaica Ed. II.	„ 4. —
„ III.	„ samaritana	„ 4. —
„ IV.	„ arabica Ed. II.	„ 4. 50
„ V.	„ syriaca ed. Dr. E. Nestle	„ 6. —
„ VI.	„ armeniaca Ed. II.	„ 4. —

Genesis, Psalmi, Jesaias, Jobus, hebraice ad optimas editiones accuratissime exscripti. In usum praelectionum academicarum. 4 Bändchen, cart., die drei ersten M. 1. 25, Jobus 75 Pf.

Hitzig, F., Dr., Vorlesungen über biblische Theologie und messianische Weissagungen des alten Testaments. Mit einer Lebensskizze und dem Bildniß des Verfassers. Herausgeg. von J. J. Kneucker. M. 6. —

═══ Zu beziehen durch jede Buchhandlung. ═══